[온라인상담개론]

Gill Jones · Anne Stokes 공저
김환 · 최혜라 · 한수미 공역

ONLINE COUNSELLING

A Handbook for Practitioners

학지사

First published in English under the title
Online Counselling: A Handbook for Practitioners
by Gill Jones and Anne Stokes, edition: 1

이 책은 2019년 대한민국 교육부와 한국연구재단의 지원을 받아 수행된 연구임
(NRF-2019S1A5A2A03054103).

역자 서문

정보통신기술의 비약적 발전에 의해 온라인에서 다양한 상호작용이 가능해졌으며, 코로나19 팬데믹으로 인해 '언택트(untact)' 시대도 앞당겨졌다. 언택트라는 용어는 우리가 경험하는 대부분의 영역에서 널리 회자되기 시작했으며, 특히 비대면 교육, 재택근무의 확대는 화상회의 서비스회사인 Zoom Video Communication의 '줌(Zoom)', 구글의 '구글 미트(Google Meet)', 마이크로소프트의 '팀즈(Teams)'와 같은 온라인 서비스 플랫폼 이용의 일상화로 이어지고 있다. 심리상담 분야에서도 이러한 추세에 따라 온라인 심리상담에 대한 관심이 증가하고 있으며, 온라인 서비스 플랫폼을 심리상담에 활용하는 시도가 이미 많이 이루어졌다. 이미 해외에서는 중개형 온라인 플랫폼을 이용한 심리상담 서비스가 왕성하게 진행되며 그 효과성이 보고되고 있다.

한국상담심리학회(Korean Counseling Psychological Association)에서도 수련과정에서 실시간 화상상담과 전화상담을 인정하고 대면상담이 어려운 경우 비대면 만남을 추천하고 있다. 동시에 온라인 매체상담 진행 시 고려해야 할 점을 내담자 동의서, 녹음 및 녹화, 상담 내용 및 장소 등의 영역으로 구분해 공지하고 있다. 그럼에도 불구하고 국내에는 여전히 온라인상담과 관련된 학회나 협회가 부재하며 온라인상담에 대한 안내서도 부족한 것이 현실이다. 역자들은 한국의 심리상담 분야가 이러한 급속한 변화의 흐름에 함께하기를 바라며, 온라인상담의 전문성을 유지하면서도 저변을 확대하는 데 일말의 도움이 되고자 이 책을 번역하게 되었다.

이 책은 초기 온라인상담에서 문자교환(이메일, 게시판, 채팅 등)을 통해 상담하는 것부터 다루고 있어서 내용이 다소 고루하다고 여겨질지도 모르겠다. 그러나 이 책은 기본기부터 시작하여 웬만한 전문서에서도 찾아보기 힘든 상담계약, 슈퍼비전, 경계침범 문제 등의 내용까지 다루고 있어 온라인상담의 실무에 큰 도움이 되리라 생각한다. 문자교환을 통한 온라인상담 사례나 연습활동은 즐거운 보너스가 될 것이다.

역자 일동

저자 서문

이 책의 내용이 당신에게 유익하길 바라면서, 책을 읽기 전에 우선 이 책을 쓰기로 결정한 몇 가지 이유들을 설명하고 싶다. 이 책은 온라인상담과 온라인상담기술에 대한 완전무결한 참고서가 아니다. 이 책은 그저 하나의 온라인상담 핸드북이며, 온라인 작업 시 마주하게 될 이슈들에 대한 경험과 통찰을 제공하는 예문과 연습활동을 포함하고 있다.

이 책은 온라인으로 일하고자 하여 이에 대해 알아보고자 하는 상담자, 그리고 이미 온라인상담을 시작했거나 기초 수련을 마친 상담자들을 위한 것이다. 온라인상에서 치료적 작업에 익숙해지기 위해서는 수련이 반드시 필요하며, 이 책이 수련을 대체할 수 있다고 보지 않는다.

이 책은 전 세계 독자들을 대상으로 하지만 저자들은 영국에 기반을 두고 있어서 program과 같이 철자법이 다른 기술 용어를 제외하고는(영국식으로는 programme) 대부분 영국식 철자법을 고수하였다. 그리고 심리학적 치료의 어느 분야에 종사하든 '상담자(counsellor)'라는 용어를 사용하였다. 독자가 호칭하는 방식이 있겠으나, 여기서의 방식을 수용해 주기 바란다. 상담자와 내담자의 성별 구별은 가급적 피했으며, 어쩔 수 없는 경우에는 실제 성별을 사용하였다. 온라인상담은 무엇보다도 통찰과 변화가 일어나는 관계를 형성하는 것이다. 이 책에서 간혹 독자를 '당신' 또는 '여러분'

으로, 그리고 저자를 '나' 또는 '우리'로 표현하고 있는데, 이것도 관계형성을 반영하는 것이다.

저자 두 명은 수년 동안 면대면 상담자로 일해 왔으며, 온라인 상담 분야에서 디플로마 수준의 수련을 마쳤다. 우리는 온라인상담을 발전시키고 이 분야에서 윤리를 지켜 활동하는 데 있어 매우 열정적이다. Gill은 2001년에 온라인상담을 시작하였고, Anne은 2002년부터 해 오고 있다. Gill은 상담자를 위한 온라인수련회의 창립 멤버였고, 2003년 초반에 Anne도 합류하였다. 이 선구적인 모임은 상담자들을 훈련시켜 면대면 방식에서 온라인 방식으로 전환할 수 있도록 돕고 있다.

수련감독자로서 쌓아온 우리의 경험이 온라인 작업에 참여하려는 각 단계의 사람들에게 무엇이 유용할지 결정하는 데 있어 도움이 되었다. 온라인 수련을 전혀 받지 않은 사람부터 정기적으로 온라인 내담자 및 수련생들과 작업하는 상담자에 이르기까지 다양한 범위를 대표하여 책의 초고를 읽어 주신 분들께 특히 감사드린다. 여러분의 피드백은 매우 유용했다. 이 책을 즐기시길 바란다.

Gill Jones

Anne Stokes

차례

8장 온라인으로 슈퍼비전하기 165

9장 주요 이론의 개관 185

10장 경계와 온라인상담 205

11장 현실에 적용하기 223

1장

온라인상담개론

이 장에서는 내담자와 상담자가 온라인상담을 선택하는 이유에 대해 알아보고자 한다. 우선, 온라인상담이 성행하기 시작하면서 제기된 부정적인 견해에 대해 살펴보고, 이러한 형식의 상담이 과거 몇 년간 어떻게 발전해 왔는지에 대해 간략하게 살펴보고자 한다. 이 시점에서 온라인 치료가 면대면(f2f)상담에 비해 우월하거나 열등하다고 보는 것은 아니라는 점을 밝혀 두고자 한다. 단지 서로 다를 뿐이다. 이 장에서는 온라인상담과 이 책에 대해 소개하면서, 이메일에 응답하는 방법, 내담자와 상담계약을 맺는 방법 및 온라인 슈퍼비전 등에 대해 자세하게 살펴보려고 한다. 마지막으로 11장에서는 우리의 아이디어가 실제로 어떻게 구현될 수 있을지와 온라인상담이 나아가야 할 새로운 방향에 대해 모색해 보고자 한다. 온라인상담은 급격한 변화가 일어날 수밖에 없는 분야로서 일부 기법이나 용어들은 금세 낡은 것이 되어 버린다.

다양한 용어들이 온라인상담자와 치료자 작업을 묘사하는 데 사용되어 왔는데, 예를 들어 e-테라피(e-therapy), 온라인상담(online counselling), e-카운슬링(e-counselling), 이메일상담(email counselling) 등이다. 이들 중 어느 하나가 다른 것보다 더 적당한 용어라는 선입견을 독자들에게 주기보다는, 다양한 용어에 익숙해질 수 있도록 용어들을 다양하게 사용하고자 한다.

이러한 용어들은 인터넷의 힘과 편의성을 이용하여 상담자/치료자가 내담자의 문제를 해결하는 과정을 일컫는다. 면대면치료와 마찬가지로 온라인상담도 두 사람 사이의 담화나 대화로 이뤄지며, 그들 사이에 형성되는 관계에 따라 작업의 성공 여부가 좌우된다. 상담은 이메일 교신(비동시적 의사소통)이나 채팅룸에서의 실시간 대화(동시적 의사소통)를 통해 가능하다. 물론 이 두 방법을 동시에 사용할 수도 있다.

기술적으로는 World Wide Web(www)에 연결된 컴퓨터, 이메일 주소, 컴퓨터에서 개인 정보 보호와 비밀보장을 할 수 있는 방편, 그리고 이를 수행 가능한 기술 정도가 필요하다. 또한 치료적 관계를 형성하는 데 도움이 될 만한 작업 공간(예, 방해와 주의 분산 요인 제거)과 내담자와의 실제 작업에 준하는 정도로 고도의 전문적 기준에 따르겠다는 마음가짐이 중요하다. 어떠한 매체를 사용하든 간에 상담 및 치료에서 발생하는 과실(malpractice)에 대해서는 변명의 여지가 없다.

내담자는 왜 온라인상담을 선택하는가

Fenichel 등(2002)은 관계를 잘 형성하지 못하는 사람들만이 온라인상담을 택할 것이라는 속설에 관해 언급한 바 있다. 이러한 입장에서 본다면 온라인상담은 내담자에게 도움이 되기보다는 문제를 악화시킬 것이다. 그러나 우리의 경험에서 보자면 이는 실제로 속설에 불과할 뿐이다. 면대면 상담실에서 만날 수 있는 내담자만큼 온라인상담 내담자도 다양하다.

일부 내담자들은 지리적인 제약 때문에 온라인 방식을 선택한다. 온라인상담에서는 다음과 같은 상황의 내담자도 상담을 받는 것이 가능하다.

- 외딴 지역에 거주하는 경우
- 아주 외딴 지역은 아니라도 대중교통 이용이 여의치 않은 곳에 거주하는 경우
- 상담받을 수 있는 상담자가 별로 없는 경우

어떤 이들은 어린아이, 노인, 환자를 돌봐야 하는 등의 이유로 집을 벗어나기 어려울 수 있다. 교대근무, 특히 불규칙한 형태의 교대근무를 하는 사람들은 정기 면대면상담을 받기가 어려울 수 있다.

온라인상담은 또한 장애가 있는 내담자에게 유용하다. 거동이 불편한 사람들은 면대면상담을 받기 위해 대중교통을 이용하는 것이 어려울 수 있다. 청각장애가 있는 사람들은 특히 수어 통역사 이용이 어렵거나, 상담실 내에 제삼자가 존재한다면 불편할 가능성이

있는 문제에 대해 다루고자 할 때, e-카운슬링을 선호하게 된다.

또 우리는 잦은 출장으로 인해 면대면상담을 받기 어려워하는 내담자들을 많이 보아 왔다. 이들 역시 일을 계속하면서 이메일이나 인스턴트 메신저(IM) 회기를 통해 상담에 참여할 수 있었다.

정서적인 이유에서 이 방식을 선택하는 내담자도 있다. 수치스러운 감정이나 경험에 관해 얘기할 때 면대면상담보다 온라인상담이 더 수월하다고 생각하는 이들도 있다.

지금까지는 면대면상담을 받는 것이 불가능한 사람들이 e-테라피를 받을 것으로 생각해 왔다. Metanoia[1)]의 e-테라피 연구논문에서는 "자료 분석 결과, 인터넷을 통해 치료자에게 연락을 취하게 된 사람들 다수는 전통적인 심리치료를 받는 데 어려움이 있어서 인터넷 연락 방식을 택하게 된 것으로 보인다."라고 밝히고 있다(http://www.metanoia.org/imhs/history.htm).

우리의 경험상 사람들이 면대면치료를 받을 수 없을 때만 온라인상담을 받는다는 생각 역시 미신이거나 구태의연한 것에 불과하다는 점을 덧붙이고 싶다. 온라인상담을 최우선으로 선택하는 내담자 수는 점차 늘어나고 있다. 인터넷 사용이 점점 더 우리 삶의 일부분이 되면서, 많은 사람이 정기적으로 친구나 가족에게 이메일을 보내고 채팅을 한다. 그들은 온라인으로 쇼핑하고 은행 업무를 본다. 어떤 유형의 정보이건 웹을 통해 접근하는 것이 가능해졌고, 컴퓨터와 인터넷은 직장에서 필수적인 요소가 되었다. 따라서

---

1) [역주] 'Metanoia' 단어 자체는 그리스어로 '회심' '회개'를 뜻하며, psych central에서 2000년대 초반까지 운영했던 온라인상담에 대한 각종 정보와 링크를 제공하는 허브 사이트이기도 하다. 온라인상담자와 기관에 대한 안내, 온라인상담에 대한 다양한 정보, 공개 포럼 등으로 구성되어 있다.

상담에 인터넷을 활용하는 것도 자연스러운 단계라 할 수 있다. 아이들 대부분이 아주 어릴 때부터 학교에서 컴퓨터와 인터넷을 사용하기 때문에, 기성세대가 컴퓨터나 인터넷을 사용할 때 느낄 법한 두려움을 거의 느끼지 않는다. 영국에서는 면대면 회기를 대체하여 e-테라피로 학생상담 서비스를 제공하는 사례가 점점 많아지고 있다. 미국의 코넬 대학교(Cornell University)에서는 1986년 최초로 조직적인 온라인 서비스를 제공한 것으로 전해지고 있다(http://www.cuinfo.cornell.edu/Dialogs/EZRA).

그러나 모든 사람이 인터넷 활용에 열광하는 것은 아니다. Hudson(2002)은 나이가 많아서 컴퓨터를 익숙하게 사용하지 못하는 점 외에, 가난과 기술적인 훈련의 부족 또한 컴퓨터 이용을 어렵게 하는 사유에 포함된다고 주장한다. 우리는 이러한 점들도 시간이 지나면서 변할 것이라고 예상한다. 실제로 이미 아프리카에서의 인터넷 사용자 수와 전 세계적인 '실버 서퍼(silver surfers: 인터넷이나 스마트폰 등을 잘 활용하는 노년층)'의 수도 증가하고 있는 추세이다.

역사적인 개관

이 시점에서 온라인상담의 역사에 대해 간단히 살펴보는 것이 도움될 것이다. 여러 학자가 인용한 바 있듯이(예, Fenichel et al., 2002; Kanani and Regehr, 2003), 비대면 치료작업은 아예 새로운 것은 아니다. 면대면 이외 방식의 상담이 가능할까에 대해 의문이 든다면, 프로이트가 여러 내담자와 오로지 서신교환을 통해서, 또는 서신

교환을 병행하여 만남을 주고받았다는 사실을 떠올려 볼 필요가 있다. 좀 더 기본적인 수준에서 보자면, 우리 대부분은 친구 및 애인과 편지를 주고받으며 관계를 유지해 나가기도 한다. 한 번도 본 적 없는 펜팔 친구 간에 매우 친밀한 관계가 형성되었다고 느끼기도 한다. 그러므로 문자와 이미지를 통해 관계 형성하는 것이 완전히 혁명적인 일이라 보기는 어렵다.

1972년으로 거슬러 올라가서, 컴퓨터 커뮤니케이션에 대한 콘퍼런스 도중, 미국의 두 대학 간에, 컴퓨터를 활용한 모의 심리치료 회기가 시범으로 진행되었다. 그전에, 실제 치료자와의 작업에 병행하여 혹은 이를 대체하여 내담자에게 도움을 주기 위한 목적으로 소프트웨어 프로그램이 개발되기도 했다. 이러한 초기의 프로그램 중 가장 잘 알려진 것이 바로 MIT(Massachusetts Institute of Technology)에서 개발된 ELIZA이다. 이는 인간중심적인 상담자 반응을 모방한 프로그램이다.[2] 제작자인 와이젠바움(Weizenbaum)은 이를 치료자 대체용으로 생각한 것이 아니고, 궁극적으로 성공하지도 못했지만, 초반의 개발물로서는 꽤 흥미로운 것이었음이 분명하다. 2007년에는 학교, 청소년상담서비스, 대학교 및 직장에서 내담자를 담당하는 기관이나 개인 치료자가 사용할 수 있는 해결중심 단기치료 인터랙티브 프로그램으로 웨이즈포워드(WaysForward, http://www.waysforwards.com)가 개발되기도 했다.

2) [역주] ELIZA는 MIT의 Joseph Weizenbaum과 인공지능연구실이 1964년부터 1966년까지 개발한 초기 버전의 언어처리 프로그램이다. 프로그램은 간단한 대화형으로 되어있으며, 미리 정해진 스크립트를 화면에 출력한다. 여러 스크립트 중 심리상담 분야의 대화를 바탕으로 한 스크립트가 유명한데, 내담자가 입력한 문구에 반응하여 간단한 공감 및 질문을 출력해 준다.

이 소프트웨어를 개발한 Hales(2006)에 따르면 상담자에게는 아주 단순해 보이는 프로그램이지만 내담자에게는 도움이 되는 경우가 꽤 있었다고 한다.

1990년대 중반부터 사마리탄(Samaritans)[3]은 그들의 대표 서비스인 전화상담과 함께 이메일 서비스를 제공하기 시작했다. 온라인 서비스 방식으로는 전화처럼 즉시 연락하는 것이 불가능하기는 하지만, 어느새 잘 정착되어 널리 사용되는 서비스로 자리 잡게 되었다.

학생상담서비스 영역에서도 면대면상담의 보조로 온라인상담을 활용하는 것이 유용하다는 점이 알려졌다. 이는 인터넷 의사소통이 학생들 일상 경험의 일부일 뿐만 아니라, 학생들이 수업과 학위 과정 중인 대학이나 캠퍼스를 떠나 있을 때나 방학 기간에도 상담을 받을 수 있기 때문일 것이다. 그들은 또한 공강 시간에 상담을 받을 수도 있다.

미국에서는 내담자가 상담자에게 직접적으로 즉각적인 도움을 요청하거나 문제를 게시해서 이메일 답장을 받을 수 있는 웹사이트가 특히 유명하다. 이러한 '일회성' 개입은 내담자가 원할 시 상담계약으로 이어지기도 한다. 이러한 사이트에서는 방문자나 내담자들에게 우울, 스트레스, 불안, 섭식장애 등 특정 주제에 대한 정보를 제공하기도 한다.

---

3) [역주] 1953년부터 영국에서 전화서비스로 시작하여 자살 위기상담을 제공하는 비영리단체. 24시간 상시 무료 전화로 상담을 제공하고 있으며 현재 전화 및 이메일을 통한 위기상담 외에 자살예방 캠페인, 사회복지사 지원 사업 등도 진행하고 있다. 국내에서 이와 유사한 서비스로 '생명의전화'가 있다.

일부 기관들은 특정한 문제, 질병, 장애가 있는 사람들을 돕기 위해 만들어졌는데, 다양한 지원 및 정보를 제공해 온 것에 더해 온라인상담 서비스도 제공하기 시작했다. 내담자가 관리자에게 상담을 원한다고 의사표시를 하면 상담자가 배정되고 그 상담자가 내담자에게 연락을 취한다. 이때 이메일이나 실시간 채팅을 택해 상담받을 수 있다. 내담자가 어떤 방식을 택하든 그 작업은 웹사이트를 통해 이루어지며, 내담자와 상담자는 보안된 사이트의 개별 게시판을 통해 이메일을 주고받는다. 실시간 회기를 예약할 때는 상담이 가능한 상담자의 일정을 확인하고 내담자가 시간을 예약할 수 있다. 이 상담 회기 또한 웹사이트에서 진행된다. 이런 방식으로 상담 접근성을 제공하는 경우 질병이나 장애를 가지고 있는 내담자가 상담을 받는 데 특히 도움이 된다. 자신의 질병과 이와 관련된 특정 문제에 대해 이해도가 높은 상담자와 함께할 수 있다면 동기도 진작될 것이다.

현재 온라인상담에 참여하는 내담자의 수는 국가별로 큰 차이가 있다. 예를 들어, 미국과 호주에서는 영국에 비해 온라인상담이 더 광범위하게 활용되고 있다. 이러한 차이를 설명할 수 있는 연구는 아직 진행되지 않았는데, 영국에서 온라인상담자 교육과 온라인서비스를 최근에 도입했기 때문일 가능성이 있다. 또한 해당 국가 사람들이 인터넷을 상담 이외의 용도로 사용해 본 경험(예, 호주에서의 수업 활용 등)을 통해, 상담 등 다른 분야에서도 인터넷을 익숙히 사용할 수 있게 된 것일 수도 있다. 아마도 이는 단순히 국가적인 특성 때문일지도 모른다. 예를 들어, 미국인이 영국인에 비해 어떤 형태의 상담이든 더 쉽게 참여하는 특성이 있는 것일 수도 있지 않을까? 어쨌든 온라인상담은 전 세계적으로 성장하고 있다. 최근 논의된 내용에 따르면 아프리카와 아시아의 국가들에서도 외딴 마을이나 지역에 웹 접속이 가능하게 하려는 노력이 지속되고 있으며, 향후 인터넷 기반 상담의 활용 역시 늘어날 것으로 보인다.

상담자가 온라인상담에 관심을 갖는 이유는 무엇인가

지금까지는 내담자들이 온라인상담을 선택하는 이유에 대해 주로 논의해 왔다. 그렇다면 상담자들은 왜 이러한 매체를 활용하여 상담하고자 하는 것인가? 아마도 온라인 작업을 하는 상담자의 수만큼 그 이유는 다양할 것이다. 이는 다음과 같다.

- '새로운 방식'의 작업에 관심을 가지고 있다.
- 자신의 내담자층을 넓히고자 한다.
- 새로운 경기장에서 자신이 이미 소지 중인 상담실 내 기술들을 사용해 보고 싶어 한다.
- 이타적인 취지에서 되도록 많은 사람에게 상담의 기회를 제공하고자 하고, 온라인상담이 그것을 가능케 하는 한 방법이라고 생각한다.

아마도 이런 방식의 의사소통 시대가 이미 도래하였고, 상담자가 기술혁명에 동참하는 방법을 모색하지 않는다면 고대의 공룡처럼 점차 멸종하거나—좀 덜 격한 표현으로는—기술혁명의 혜택을 받지 못할 수도 있을 것이다.

온라인상담은 또한 면대면 회기에서는 불가능한 어느 정도의 자유를 허용한다. 예를 들어, Anne[4]은 프랑스에서 시간을 보내고 그곳에서 거주하면서 이메일 및 실시간 회기로 온라인 내담자와 정기적으로 상담을 지속할 수 있다(작업과 관련된 법적이고 전문적인 배상 문제가 있는데, 이는 이 책의 후반부에 기술할 것이다). 보다 단순한 측면을 보면 이메일 답장은 하루 중 자신이 편한 시간에 작성하면 된다. 그러므로 면대면 내담자를 정해진 시간에 만나야 하는 것과 달리, 상담계약에 정해진 응답시간만 지킨다면 하루 또는 한 주 동안 어떤 일이 생기건 그에 맞춰 일하는 시간을 조정하기 쉽다. 이런 내용을 적으면서, 내담자나 직업에 대해 진심을 다하지 않는 것은 아닐까 하는 불만스러운 우려를, 독자들이 갖게 할 수 있음을 우리 역시 알고 있다. 당신도 바로 그런 생각부터 들었다면, 중요한 회의나 흥미롭고 유용한 워크숍에 참석하는 것과 내담자의 면대면 회기를 취소하는 것 사이에서 고민해야만 했던 때를 떠올려 보도록 요청하고 싶다. 온라인 작업은 때로 두 가지를 모두 수행할 수 있게끔 한다.

'돌봄인'의 역할, 장애 및 지리적인 위치 등의 이유로 내담자는 비대면 방식의 상담에 대해 생각해 보게 되며, 이는 상담자도 마찬가지이다. 많은 상담자가 경제적인 이유보다는 사람들이 좀 더 잘 살거나 문제를 해결할 수 있게 돕고 싶다는 마음으로 직업을 택했을 것이지만, 우리 대부분은 무리 없이 생활을 영위할 수 있기를 바라고, 그리고 그만큼은 벌고 싶어 하는 것도 사실이다. 온라인 작업을 할 때는, 예를 들어 아이 돌봄 서비스 이용 시간에 맞춰 회기 시간 조정이 가능할지, 또는 해당 지역 대중교통으로는 50분 회기에

4) [역주] 저자 중 1인, Anne Stokes

맞춰오기 어려우므로 자차 이동 내담자만 받을 것인지 등의 사항으로 인해 제약을 받지 않는다. 청력 문제가 있는 상담자들은 다른 작업방식에 더해 문자 기반 의사소통 방식을 함께 활용하면 유용하다고 느낄 것이다.

온라인상담은 또한 나중에 다시 생각해 볼 수 있도록 모든 작업을 저장해 놓을 수 있다는 실용적인 이점이 있다. 좀 더 간편하게 앞으로 돌아가서 묻혀 있던 주제를 찾아내거나 놓쳐 버린 뉘앙스를 알아차릴 수 있다. 이메일 교신에는 내담자가 실제로 말한 내용과 그에 대해 어떻게 반응할지를 고민하는 데 있어 더 많은 시간이 주어진다. 이러한 주제에 대해서는 내담자와의 작업에서의 기본적인 사항을 다루는 다음 장에서 좀 더 자세하게 설명할 것이다.

상담자가 온라인상담을 하지 않겠다고 할 때 그 이유는 무엇인가

아마도 가장 일반적인 이유는 온라인 작업이 단순히 효과가 없고, 문자만으로 진정한 관계 형성을 하기는 어려울 것이라는 믿음 때문일 것이다.[5)] '펜팔 친구'가 있는 독자라면 비록 상대방을 만나지 못하더라도 매우 진정한 관계 형성이 가능했다는 점에 대해 입증해 줄 수 있을 것이다. 실제로 그러한 관계는 종종 어린 시절에

5) [역주] 최근 진보된 기술로 실시간 화상상담과 같은 온라인상담도 얼마든지 가능하다. 이러한 견해는 이메일이나 채팅 등 문자 기반으로만 온라인상담을 진행하는 경우에 해당된다.

시작되어서 성인기까지 계속 성공적으로 유지되기도 한다. 문자를 통한 관계 형성이 어렵지 않을까 생각하는 이유는 아마도 우리가 사적인 편지를 별로 쓰지 않는 시대에 살고 있으며, 전화로 즉시 소통이 가능해지기 이전까지는, 선호되거나 유일한 소통방식이 편지였음을 잊었기 때문일 것이다.

또 다른 주요 관심사는 기술 그 자체이다. 안전한가? 신뢰할 만한가? 이런 질문들에 대해 조건부라 할지라도 '예'라고 답할 수 있어야 한다. 온라인상담 시 내담자와 상담자 모두에게 '안전'과 비밀보장을 유지하기 위해 실질적으로 고려해야 하는 사항에 대해서는, 간혹 발생하곤 하는 기술적인 문제를 다루는 수단 및 방법에 관해 얘기하면서 함께 자세히 다룰 예정이다. 상담자가 기계 사용에 대한 두려움을 극복하고 이에 능숙해지면(또한 필요한 경우 신속하게 지원도 받을 수 있다면), 컴퓨터를 이용한 의사소통에도 별다른 스트레스를 받지 않게 될 것이다.

내담자의 비밀보장과 안전에 대해 품을 수 있는 당연한 의문들에 대해 생각해 볼 때도, 면대면 작업 때의 경험을 떠올려 보면 된다. 조건을 달아 '예'라고 답하는 것 이상의 뭔가를 할 수 있을까? 심지어 보안이 걸린 파일도 침입이 가능하다. 누군가 시간과 에너지를 들여 우리의 기록이나 메모를 보고자 전력을 다한다면, 그 사람은 상호참조시스템을 해독하고 내담자가 누구인지 알아낼 수 있을 것인가? 모든 벽이 충분히 방음이 된다고 확신하는가? 대기실이 있는 기관이어서, 내담자가 또 다른 내담자에 대해 알게 되는 것은 아닐까? 여기서 강조할 점은 여타 면대면상담자의 경우와 마찬가지로, 온라인상담자들 역시 일이 잘못될 가능성이 전혀 없다고 완벽히 보장하기란 불가능하다는 점이다.

따라서 이러한 우려는 가볍게 볼 것이 아니고, Anne이 온라인 작업에 참여하게 된 경위에 대해 함께 보면 좋을 듯하다.

2002년 초, 친구와 동료들 사이에서 '러다이트(luddite)'[6]로 알려졌던 저는 실제로 컴퓨터를 부수지는 않았지만 가능하면 사용하지 않으려 했던 것 같습니다. 의사소통을 하고 지식을 얻기 위해 예전부터 해 온, 검증된 방식이 저는 가장 좋았거든요. 제 상담업무에는 컴퓨터와 관련된 것은 전혀 포함되지 않았습니다. 어느 날 온라인상담자 훈련을 받고 있던 한 친구가 자신의 훈련 집단에 있는 다른 이들과 함께 저에게도 내담자 역할로 자원해 달라고 요청했습니다. 이는 저의 편견—즉, 내가 상담자에게 이메일을 보낼 때 실제적인 면에서 뭔가 오류가 발생할 것이고, 그렇지 않은 경우라도 치료관계가 발전하지 않을 것이라는 편견—이 옳았음을 확인하기에 좋은 기회처럼 보였습니다. 이 글을 쓰면서 제가 얼마나 악몽이나 다름없는 내담자였을지 다시 한번 깨닫게 되는데, 이는 온라인상담이 유용하지 않을 것이라 미리 단정하고 있었기 때문만은 아닙니다. 온라인상에서 탈억제 현상(예, 내담자가 관계 초기부터 마음먹었던 것보다 훨씬 더 많이 얘기하는 것)까지는 보이지 않았던 것 같지만, 저는 제 불쌍한 상담자에게 아주 긴 이메일을 썼음을 기억합니다. 지금 온라인상담자라는 위치에서 생각해 보자면, 이메일 길이에 대해 미리 지침을 제공할 필요성이나 상담료 부과 정책에 대해 생각해 볼 기회가 되었다는 점에서 이런 경험들이 유용했습니다. [이러한 사항들은

6) [역주] 러다이트(luddite) 운동은 19세기 초반 영국에서 있었던 사회운동으로, 시간이 지나면서 산업화, 자동화, 컴퓨터화 또는 신기술에 반대하는 사람을 의미하게 되었다.

3장과 4장, 그리고 11장의 경계에 대한 문제에서 더 자세하게 다룰 것이다.]

아무튼 놀랍고 경이롭게도, 실상은 전혀 달랐습니다. 저는 신기술을 적절하게 적용하면서, 한동안 '고착'되었던 문제를 상담자와 잘 해결했습니다. 저는 제 입장에 대해 재고해 보게 되었고, 그 후 온라인 수련을 받기 시작했으며, 이런 저를 보고 친구들은 무척 재미있어 했습니다.

그러므로 의심을 갖고 있는 상담자라면, 이를 확인하거나 극복하기 위해 먼저 온라인 내담자가 되어 보는 게 좋을 것이다. 별다른 의심이 들지 않는 경우라면, 다른 사람들에게 온라인상담을 해주기 위한 경험을 쌓은 것으로 치면 된다. 내담자가 되어 보기 전에 상담자의 자격은 무엇이며 온라인상담 교육을 받은 경험은 있는지 등, 상담자의 배경에 관해 확인하기를 바란다. 면대면상담에서와 마찬가지로 내담자로서 여러분 자신을 보호하는 것은 중요하다. 내담자 경험을 통해 이러한 작업방식의 가치에 확신이 생겼고 상담자로 일하겠다고 마음먹었다면, 어떤 형태이건 온라인수련을 받는 것이 좋다. 온라인수련을 통해 자신이 담당하고자 하는 일에 익숙해질 것이고, 좀 더 안전한 환경에서 실수를 통해 자신만의 작업 스타일을 찾아 발전시켜 나갈 수 있을 것이다. 대부분의 교육과정은 이미 전문적인 자격을 갖춘 상담자들을 대상으로 고안되었기 때문에, 처음 취득하게 되는 상담 자격보다는 추가적인 자격 과정으로 운영된다. 물론 이 점은 이후에는 변경될 수 있는 사안이다.

온라인 작업에 대해 궁금해하는 상담자들이 자주 갖는 또 다른 의문은 기존의 이론적 지향점이나 접근이 온라인매체에서도 통용

될 수 있을까 하는 점이다. 자신의 기존 접근방식을 온라인에 접목하지 못하는 상담자는 아직 보지 못했다. 9장에서는 다양한 접근법에 대해 좀 더 자세하게 살펴보겠다. 인지적인 이론일수록 반영적인 접근에 비해 더 많은 질문을 활용하므로 적용이 쉽다. 그 외 접근방식의 상담자들이 흔히 경험하는 문제점은, 어떻게 온라인 질문을 면대면 작업에서 하였듯이 반영적인 방식으로 풀어낼 수 있을까 하는 것이다. 이 책 내용에 나오는 상담자의 응답 예시를 통해 이런 문제에 대한 답을 얻을 수 있기를 바란다. 인지주의 상담자가 회기 사이에 내담자에게 부과하는 과제는 온라인 작업에 매우 적합하며, 척도화 같은 기법도 활용하기에 좋을 것이다. 실제로 내담자는 면대면으로 점수를 얘기하는 것보다는 화면상에 점수 매기는 것을 더 쉽게 느낀다.

전이(transference)는 면대면 작업에서와 마찬가지로 온라인에서도 발생할 수 있으며, 미리 대비해야 한다. 실시간 회의가 과정에 포함된 온라인 집단에서 수련을 받다가 보면 전이, 역전이, 그리고 투사가 나타났을 때 금세 깨달을 수 있을 것이다. 이들은 이메일 의사소통에서도 발생한다. 글로 적었을 때는 훨씬 더 강한 효과를 발휘하기 때문에 '실제' 내담자와의 작업 전에 미리 경험해 두는 것이 도움이 된다.

조약돌, 인형 또는 그리기 재료와 같은 것들을 손에 갖지 않은 상태에서, 온라인으로 창의적인 접근방식을 적용할 수 있을지에 대해 처음에는 상상하기 어려울 것이다. 7장에서는 창의성을 사용하는 다양한 방법에 대해 알아볼 것이다. 내담자는 창의적인 글쓰기, 웹에서 찾은 이미지, 자신이 직접 만들거나 스캔한 이미지와 사진 등을 사용할 수 있다. 실시간 작업에서는 상담자가 활용하는 프로그램 패키지에 따라 화이트보드 등을 이용하여 회기 중에 그림을 그리거나 글을 쓸 수도 있다.

어떤 접근방식에서든 내용을 많이 적지 않는 내담자는 어려울 수 있다. 이는 일시적으로 또는 항시적으로 표현을 잘하지 못하는 면대면 상황의 내담자와 유사한 상황이다. 온라인 작업에서는, 예를 들어 소통을 돕기 위한 이유 등으로 상담자가 몸짓 언어(body language)에 대해 반영해 주는 것이 불가능하기에, 이런 문제를 다루는 것이 더 어렵다. 물론 반영이 아예 불가능한 것은 아니며, 더 짧은 이메일 교신이나 더 짧은 실시간 회기를 자주 해서 문제를 보완할 수 있을지 고려해 볼 수도 있을 것이다. 면대면상담에서와 마찬가지로, 일부 내담자들은 단순히 적극적인 참여가 어렵거나 아직 자신의 문제에 대해 탐색할 준비가 안 되어 있을 수도 있다.

내담자와 온라인으로 작업해 보고자 하는 사람들이 실제적이고 윤리적인 측면에서 고려해 보아야 하는 것은 슈퍼비전 문제이다. 이는 8장에서 자세히 다루도록 하겠다. 여러분이 일하는 나라에서 슈퍼비전을 받는 것이 상담자 자격의 의무조항이 아니라면, 별문제가 없을 것이다. 그러나 대부분의 국가에서 슈퍼비전은 의무사항이고, 아마도 기초 수련을 받던 시점으로 되돌아가는 기분이 들 것이다. 상담자들은 이 분야에서 새로 시작하고자 할 때, 훌륭한 슈퍼바이저의 뒷받침을 필요로 하고 원할 것이다. 그다음에는 적당한 슈퍼바이저를 찾는 방법에 대해 궁금할 것이다. 여러분과 여러분이 하는 일에 대해 잘 알고 이미 편한 관계인 사람과 함께 일하는 것이 중요한가? 아니면 온라인 분야에서 일하고 있어서 관련된 문제들에 대한 이해도가 높은 슈퍼바이저를 찾아야 하는가? 우리가 보기에 정해진 답은 없다. 이는 당신이 함께 일할 수 있겠다 싶은 온라인 슈퍼바이저를 찾을 수 있는가에 달려 있다. 그러나 직접 온라인 경험은 없다 해도 온라인 작업에 반감이 있지 않은 사람과 일하는 것이 중요하다. 그렇지 않으면 시작부터 슈퍼비전 작업이 실패했다는 느낌이 들게 마련이다.

이 장은 온라인 작업과 관련된 몇 가지 주제들을 요약해서 제시하였다. 이후에 이 주제들에 대해 더 자세하게 다룰 것이다. 온라인매체에서 작업동맹을 구축하는 방법, 그리고 동시적인 작업과 비동시적인 작업을 결합하여 활용하는 방법에 대해 함께 고민해 보게 될 것이다. 문자와 이미지를 사용하여 창의적으로 작업하는 방법과 함께, 상담계약, 슈퍼비전, 경계 및 윤리적 이슈 등에 대해서도 탐색해 볼 것이다. 또한 온라인 작업과 인터넷을 활용하는 여타의 상담방식에서 면대면상담기법들을 어떻게 변환하여 활용할 수 있는지도 확인할 것이다. 이런 내용에 대해 보기 전에 다음에 제시한 연습 활동을 시도해 볼 수 있다.

연습 활동

1. 온라인 작업에 대해 다음 표를 기록해 봅니다. 이 책을 읽어 가면서 표로 돌아와서 여러분의 희망 사항이 충족되는 한편, 염려했던 사항은 점차 줄어들고 있는지 확인해 보세요.

희망과 기대	두려움과 염려

2. 여러분의 현재와 과거 내담자 집단을 떠올려 보세요. 그중 온라인 작업이 가능할 것으로 생각되는 내담자들이 있습니까? 어떤 점이 그들에게 도움이 될까요? 절대 적합하지 않은 사람들도 있을까요? 두 집단 각각의 이유를 적어 봅니다. 이 책을 모두 읽고 나서, 이 목록을 다시 보면서 내담자 각각이 여전히 같은 집단에 포함되는지 따져 보세요.

3. 이 장의 내용 중에서 특별히 관심이 가는 부분(예, 역사, 치료적 관계 형성, 수련 등)은 무엇인가요? 온라인에서 그 부분에 대해 한번 검색해 보세요.

2장

시작하기

이 장에서는 온라인에서 적절한 관계를 형성하는 방법에 대해 논의하고 설명하려 한다. 우리는 몇 가지 전형적인 이메일 문의 내용을 살펴보고, 치료적 작업에 대해 계약하기에 앞서 명확히 해 둘 필요가 있는 문제에 대해 논의할 것이다. 이 장의 목적에 맞추어 이미 당신은 온라인상담자 업무를 시작할 준비가 된 상태라 가정할 것이다. 이 장 끝부분에, 어떻게 그리고 어디에서 웹상의 활동을 시작할 수 있는지에 대해 몇 가지 지침을 제공하겠지만, 우리가 웹사이트 디자인이나 개발 분야 전문가는 아니기 때문에 그런 부분은 책에서 다루지 않을 것이다.

당신은 온라인상담 관련 전문 수련을 이미 받았거나, 책을 읽으면서 수련 과정을 선택하고자 할 수도 있다. 1장에서 본 바와 같이 온라인상담자 수련 과정이 존재하므로, 온라인상담자로 일하고자 하는 사람들은 누구든 수련받을 것을 권장한다(11장 참조). 수련을 통해 온라인 작업환경과 필요 기술들에 익숙해질 수 있을 것이다. 당신이 담당할 내담자는, 제대로 된 의사소통을 위해서는 당신의 도움과 지원이 필요한, 기술 '초보자(newbie)'일 수도 있다. 전문용어에 대해 어둡다면, 이 책 뒷부분의 용어 사전을 참조하라. 여기에는 온라인 작업 시작 전에 우리가 몰랐던 모든 용어를 실어 두었다. 누락된 용어가 있다면 인터넷 백과사전인 위키피디아(http://www.wikipedia.com)에서 그 정의를 찾을 수 있을 것이다.

첫 연락

온라인상담에서 내담자의 첫 문의는 일반적으로 상담자의 이메일 편지함으로 도착한다. 일단 새로운 문의가 접수되면, 당신은 문의해 온 이에게 문의자가 제시한 문제를 다룰 만한 능력이 있음을 보여 주고 싶을 것이다. 이는 문제와 그들이 느끼는 감정 둘 다 이해했음을 보여 줄 필요가 있다는 의미이다. 또한 문제에 대해 어떻게 작업해 나갈 것인지를 알려 주고 싶을 수도 있을 것이다. 그러나 작업을 시작하기 전에 우선은 제대로 이해했는지를 확인해야 하며, 이 과정을 통해 온라인상의 관계가 구축되기 시작한다.

인터넷상 상담의 경계는 면대면 상황과 다르기 때문에 기본적인 상담계약(다음 장 참조)에 동의하고 치료에 임하기 전에, 제대로 이해했는지를 확인하는 것과 기초적인 관계를 형성하는 것이 매우 중요하다고 생각한다. 내담자는 여러분을 만나기 위해 자신을 둘러싼 환경을 벗어나지 않아도 되고, 약속 시간도 정하지 않으며, 단순히 컴퓨터에서 당신에게 글을 써서 올리거나 이메일을 보내면 된다. 자조(자가치료) 웹사이트, 친구 맺기 사이트, 자문 웹사이트, 상담 웹사이트 등을 통해서도, 다양한 유형의 지지적이고 도움이 되는 인터넷상의 친분을 구하는 것은 얼마든지 가능하다. 그러므로 상담자와 내담자 간 온라인 관계는 여타 관계들과는 차별화된다는 점을 분명히 해야 한다. 온라인 치료를 함께 해 보기로 양자가 합의한 것이라기보다는 상담자가 일방적으로 우호적인 지원을 해 줄 것이라는 식으로, 내담자 마음속에 잘못된 기대와 혼동이 있지는 않은지 반드시 탐색해 봐야 한다. Derrig-Palumbo와 Zeine(2005)은 "치료 동맹은 첫 회기부터 시작된다."(p. 64)고 말했다.

일부 상담자들은 온라인상에서 과연 신뢰가 존재할 수 있는지에 대해 의문을 제기한다. 우리는 상담자와 내담자가 서로를 믿고 상호 합의된 맥락 내에서 의사소통할 때, 그리고 상담자가 판단하지 않고 경청하며 이해할 때 신뢰가 형성된다고 생각한다. 많은 이들이 온라인상에서는 어떻게 신뢰를 확인할 수 있는지 묻는다. 이후 장에서도 같은 내용을 다루겠지만 여기서도 짚고 넘어가려 한다. 예를 들어, 3장에서는 치료관계의 한계에 대해 합의하여 상담계약 체결을 하는 과정도 신뢰를 쌓는 방편이 될 수 있다는 점을 볼 수 있다. 4장과 5장은 비동시적이고 동시적인 작업동맹을 통해 신뢰를 형성해 나가는 방법을 보여 주며, 10장은 경계 문제에 의해 어떻게 신뢰가 무너질 수 있는지를 보여 준다. 우리는 온라인상담을 하기 위해서는 Thorne(1992)이 인용한 Carl Rogers의 핵심 조건인 심리적 접촉, 공감, 진실성 및 무조건적 긍정적 존중이 온라인관계에도 존재해야 한다고 믿는다. 우리는 이 목록에 따뜻함을 추가하고자 하는데, 문자 의사소통은 대체로 너무 간결하고, 퉁명스럽고, 냉담하고 차갑게 느껴지기 때문이다. 즉, 따뜻함이 있어야, 문자로만 만나는 낯선 상담자와 고통스럽고 개인적인 문제를 함께 다룰 수 있을 것이다.

첫 문의 이메일 수신 및 답장하기

첫 이메일 문의의 길이는 다양하며, 세부 내용의 양도 다양할 수 있다. 우리는 한 줄 문의를 받기도 했고 한 페이지 이상에 달하는 문의를 받은 적도 있다. 다음은 첫 문의 이메일의 몇 가지 예시이다.

- A: 홈페이지를 보고 연락드리는데요, 온라인상담의 비용은 얼마인가요?
- B: 어디에 알아보아야 할지 몰라서 여기로 글을 보냅니다. 너무 걱정돼서 먹지도 못하고 잠도 제대로 못 자고 머리가 터질 것 같아서 미칠 것만 같아요. 저를 도와주실 수 있을까요?
- C: 저를 원치 않는 사람과 결혼했습니다. 남편은 친구 하나와 시간을 보낼 뿐, 저나 아이들과는 전혀 함께하지 않아요. 남편은 그 친구를 최고라 여기고 거의 숭배하죠. 친구가 시키면 어떻게든 나서서 장단을 맞춰 줄 정도예요. 저는 할 말을 하는 편이어서 그 친구는 저를 별로 좋아하지 않아요. 주말이면 남편은 가족과 시간을 보내지 않고 그 친구와 여행을 다니죠. 이만 끝내 버려야 하는 걸까요? 남편은 상담은 필요 없다고 하네요. 어떻게 해야 할까요?
- D: 안녕하세요. 오늘 이 웹사이트를 방문하게 됐는데 온라인

상담에 대해 더 알아보고 싶어요. 전 지금 매우 우울해요. 그러다 보니 먹는 양은 점점 늘고 살이 찌면서 더 비참해졌어요! 이렇게 지낸 지 꽤 오래됐고 제 삶에서 너무 많은 문제를 일으키고 있어요. 최근에 꿈꿔 오던 남자와 결혼했으니까, 좀 나아지지 않았겠나 생각하실 수도 있을 거예요. 근데 더 힘들어요. 전 원래 아주아주 긍정적인 성격이고 어려운 사람들도 잘 도와주는 편이에요! 절 도와주실 수 있을지 모르겠네요. 감사합니다. 당신의 답장을 기다릴게요.

앞의 예들을 살펴보면, 내담자의 첫 문의 메일에 담겨 있는 정보의 양이 각각 다름을 알 수 있다. 일부 상담자는 웹사이트에 온라인 문의양식을 게시해 두고, 내담자가 이 양식을 작성하여 제출할 수 있게 한다. 여기에는 일반적으로 내담자에게 어떻게 치료적 도움을 제공할지를 평가하는데 필요한 유형의 정보들이 포함된다. 그러나 내담자가 반드시 그러한 양식을 사용할 것이라는 보장은 없으며, 내담자들은 필요하다면 '떠나갈' 수 있도록 처음에는 되도록 익명을 유지하려 할 수도 있다.

연습 활동

내담자로서 이메일 문의를 작성하고 낯선 이에게 편하게 털어놓을 수 있는 자신에 대한 정보는 어느 정도인지 알아보세요.

핫메일, 야후, 구글, 네이버, 다음 등의 사이트에서 별도의 상담용 이메일 계정을 하나 만들어 자신에게 이메일을 보낼 수 있습니다.

첫 문의 이메일에 대한 상담자의 응답

언뜻 보기에 앞의 문의 사항 예시 중 상담에 적당한 자료는 없는 것처럼 보일 수도 있으나, 아직 충분히 알지 못하는 것이고 그런 평가를 하기에는 이르다고 말하고 싶다. 문법과 문구 자체에 얽매이면, 메시지의 숨은 의미를 놓칠 수 있다. 문의자 A는 자신에 대한 정보를 더 공개할 때 감수해야 하는 위험에 대해 당신이 충분히 인지하고 있는지를 확인하고 싶은 것일 수도 있다. 문의자 B는 자신이 즉각적인 위기상황에 처해 있음을 당신에게 알리고 싶어 하는 것이고, 후속 탐색을 통해 상담을 이어 나가거나 더 적절한 도움을 받을 수 있도록 다른 곳에 의뢰해야 할 것이다. C와 D는 모두 어느 정도 믿고 자신의 얘기를 한 것이라 보이므로 함께 상황에 대해 더 탐색해 보면서 그들이 작성한 내용에 대해 이해한 바를 더 명확히 하고, 함께 상담작업을 하기 위한 협의를 해 보자고 제안해 볼 수 있을 것이다.

이처럼 상담계약 전 이메일 교신을 주고받으면서 당신은 상담관계의 기반을 닦는 데 필요한, 신뢰할 수 있는 의사소통 방식이 자리 잡아 가는지를 확인하기 시작한다. 또한 자신이 소속된 전문가 집단의 강령 안에서 이 내담자와 치료적으로 작업하는 것이 가능할지를 평가한다. 국제온라인정신건강협회(International Society for Mental Health Online, ISMHO)는 내담자의 온라인 작업 적합성을 평가하는 데 도움이 될 만한 온라인 논문을 발간해 왔다(참고문헌의 웹사이트 주소 참고). 이 시점에 고려해 보아야 하는 문제들은 다음과 같다.

- 글의 드러난 내용과 숨은 의미를 모두 이해하고 있는가? (상담 계약 사전 단계에서 이해 여부를 확인하라)
- 이 시점까지 드러난 문제를 온라인으로 작업할 자신이 있는가? 이미 친숙하고(아마도 면대면상담 경험을 통해), 온라인 작업에 적합한 문제라고 느끼는가?
- 여기에서 참작해야 하는 다른 특수한 사정(문화적, 지리적, 의학적)은 없는가?

답장에는 그 시점에서의 상황에 대한 요약과 상담자가 이해한 바를 적어 보내야 한다. 또한 당신이 틀릴 수도 있으니 기꺼이 정정해 주기를 바란다는 의견도 전달해야 한다. 답장에는 내담자가 느끼는 감정에 대한 공감적 이해가 표현되어야 한다. 경험상 상담자가 예비 온라인상담 대상자에게 공감을 전달하지 못했을 때, 내담자에게서 다시 연락이 올 가능성은 별로 없다. 첫 문의에 대한 답신은 내담자에 대해 깊이 이해했음을 전달할 기회이다. 문의자 A에게 답장할 때, 자신에 대해 글을 쓰는 것이 어려울 수 있다는 점을 이해하고 있노라 전달할 수 있다.

답장의 예는 다음과 같다.

- A 님, 안녕하세요? 저희 웹사이트를 찾아서 온라인상담과 비용에 대해 문의해 주셔서 감사합니다. 낯선 사람에게 자신에 대한 글을 써서 보내는 것이 쉽지 않은 일임을 잘 알고 있습니다. 문의하신 구체적 비용을 아래에 적어 두었으며, 사이트의 상담료 페이지(www.gjcounselling.co.uk/pages/counsellingcost.htm)에서도 확인하실 수 있습니다. 추가로 궁금한 점이 있다

면 다시 글 남겨 주십시오. 아마 다시 글을 보내신다면, 귀하에 대해 그리고 지금 처한 상황에 대해 좀 더 알려 주실 수 있겠지요. 준비가 되면 다시 연락 주시기 바랍니다. 안녕히 계세요. Gill Jones

이와는 대조적으로, 문의자 C에 대한 답신에서는 자신의 온라인 작업방식에 관해 설명해 주거나 상담의 주안점을 어디에 둘지에 대해 제시할 수도 있다.

- C 님, 안녕하세요? 메일을 통해 당신이 지금 처한 상황에 대해 알려 주신 내용을 잘 보았습니다. 남편이 당신보다 친구와 더 어울리는 것 때문에 화가 나고 거절당한 느낌도 들겠군요. 남편의 부재로 인해 아이들과 함께 실망감도 클 것입니다. 혹시라도 제가 잘못 이해한 부분이 있으면 알려 주세요. 글로만 오고가다 보면 오해가 생기기 쉽거든요. 저는, 온라인상담을 통해 이런 강한 감정들을 탐색해 보고 다루는 방법도 함께 찾아갈 수 있을 거라 생각해요. 저와 함께 계속 치료해 보고 싶다면, 언제 어떻게 의사소통을 할 것인지, 그리고 이메일로 할 것인지, 아니면 실시간 채팅을 사용할 것인지 등에 대해 미리 합의해야 합니다. 그래서 제가 기본 동의서 양식을 하나 첨부해서 보내 드릴 것인데, 이것은 상황에 맞게 수정, 보완이 가능합니다. 동의서 작성 시 궁금한 점이 있으면 제출 전에 무엇이든 물어보세요. 일단 동의서가 완성되면, 그다음부터 본 작업을 진행할 것입니다. 마음의 준비가 되어 더 많은 이야기를 함께 할 수 있기를 기대합니다. 안녕히 계세요. Gill Jones

첫 문의에 대해 답장할 때는 적절한 작업관계의 형성을 위해 온정, 진실성, 공감, 무조건적 긍정적 존중 및 심리적 접촉을 담아 보여 줄 수 있어야 한다. 웹사이트의 사전 상담 질문지나 기분척도를 작성하여 보낸 신규 내담자의 경우, 첫 답신에 해당 정보에 관해 확인해 주는 내용도 포함되어야 한다.

답장을 쓸 때는 의미하는 바를 명확하고 간결하게 전달할 수 있는 문체를 사용해야 한다. 평소의 언어습관을 다듬어서 간략하게 쓰고, 전문용어나 길고 불분명한 표현은 피하고, 문장도 짧고 간단한 것이 좋다. 문의자가 이메일을 짧게 보냈을 때는 나름의 이유가 있을 것이기 때문에 짧은 문의에는 짧게 답하는 것이 좋다(타이핑이나 읽기에 어려움이 있거나 외국어로 글을 쓰는 경우 등). 또한 주변의 방해 없이 내담자가 치료작업을 시행할 수 있는지 초반에 확인할 필요가 있다. 어떤 치료적 작업이든 시작 전에 반드시 이메일상담의 개인 정보 보호 및 비밀보장 문제에 대해 잘 따져 보아야 한다. 이 부분에 대해서는 4장에서 다룰 것이다.

이메일을 시작하고 끝내는 방식은 당신이 결정하기 나름이다. 많은 상담자가, 인사말로 '친애하는(Dear)'보다 '안녕하십니까(Hello)'나 '안녕하세요(Hi)'를 선호한다. 일반 편지와 달리 대부분의 이메일에서 이런 식의 인사말이 사용된다. 대부분의 온라인상담자들은 funnyface, bigeyes, f61 등과 같이 의미를 알 수 없는 이메일 주소가 그들이 부를 수 있는 유일한 이름이라 할지라도 내담자를 그 명칭으로 부른다[1](그러면 다음 메일에서는 본명을 밝히게끔

1) [역주] 예를 들어, 이메일 주소가 kimsw1934라면 '안녕하세요 kimsw1934님' 하고 부르는 식이다.

하는 효과가 있다). 수천 개의 상담 웹사이트 중에서 당신을 택하여 연락한 이들에게 감사하는 것이 도리이며, 이는 스스로 도움받기 위해 첫걸음을 내딛은 것에 대해 인정해 주는 효과도 있다. 이미 언급했듯이, 잠정적이라도 그 시점에 상담자가 그들의 감정에 대해 이해하고 있는 바를 메일 내용에 포함해야 한다. 이는 내담자의 감정을 타당화해 주는 것이고, 자신의 얘기를 듣거나 이해해 주지 않는다고 생각해서 달아나 버리지 않도록 하는 데도 중요하다. 내담자가 진심으로 경청하지 않는다고 느끼고 오해하지 않도록 하고자 한다면, 이는 내담자에게 가장 중요한 확인사항이다. 내담자가 다루려는 문제들에 대해 충분히 서술한 뒤에는 상담계약서나 동의서를 회신에 포함시켜, 내담자 측 계약서와 동의서 제출 전에 미리 읽고 상의할 수 있도록 한다. 미리 상의하면 이후 관심도와 관여도를 높이는 데도 도움이 된다. 이메일을 끝맺는 법 역시 각자 원하는 바에 따르면 된다. 많은 온라인상담자들은 '따뜻한 안부를 전하며(warm regards)'나 '행운을 빌며(warm wishes)' 등 각자 선호하는 맺음말을 사용하며, 이메일 프로그램의 서명 박스 문구를 지정해서 이메일의 이름 뒤에 의미 있는 인용구가 자동 입력되도록 하는 상담자도 다수 있다. 예를 들어, 다음과 같이 이메일을 끝맺을 수 있다.

따뜻한 안부를 전하며

Gill Jones

고민은 당신 삶의 일부이고, 이를 공유하지 않는 것은 당신을 사랑하는 이에게 충분히 당신을 사랑할 기회를 주지 않는 것이다.

–Dinah Shore

이렇게 하면 이메일에서 자신의 특색을 드러내서, 보낸 이가 누구인지 알아보기 쉽다.

함께 작업할 수 있을지 여부의 결정을 위해 내담자에 대해 필요한 추가 정보가 있는 경우, 다음 이메일에서 자신의 문제에 대해 시시콜콜하게 얘기하도록 둘 것이 아니라, 단도직입적으로 필요한 정보를 요청하는 것이 좋다(문의자 A에 대한 답장 참조). 이후 당신이 그 내담자에게 적합한 상담자가 아니라고 생각되어 다른 사람을 찾아보라고 제안할 필요가 있을 때는, 그들이 당신과의 경험을 통해 거절당한 것에 더해, 노출되고 취약한 채로 남겨진 감정이 들지 않도록 해야 한다.

문의자 B와 D에게 보내는 첫 답신 작성하기

첫 문의의 답신에 대한 제안

- 인사말에서 그들의 이름을 불러라. 당신을 선택하여 이메일을 보내겠다고 결정한 것에 감사하라.
- 글에 담긴 그들의 결심에 대해 인정해 주라(그들은 각자의 처지에서 노력하는 중이다).
- 그들의 감정을 공감하라.
- (적절한 단계라 판단되는 경우) 상담계약 양식에 대해 소개하라.
- 상담자가 이해한 바를 점검하고 제대로 이해했는지 내담자에게 확인하라.
- 섣부르게 가정하지 말고, 관찰이나 생각들은 잠정적인 것으로 취급하라.
- 따듯하고, 공감적이고, 진실한 태도로, 무조건적이고 긍정적으로 존중하라.
- 적당한 문구를 택하여 끝맺어라.

문자만 사용하여 관계 형성하기

우리는 직접 보거나 듣지 못하는 상대와 어떻게 관계를 맺는가? 상담실 내의 상담자/내담자 관계에 있어서 많은 정보를 제공하는 비언어적 단서의 대안에는 무엇이 있을까? 이 책은 (웹캠이나 인터넷전화보다는) 컴퓨터 자판을 통한 의사소통에 대해 주로 다루고 있으므로, 이 장에서는 이러한 한계 내에서 관계를 구축할 수 있는 여러 방법에 대해 탐색할 것이다.

이메일을 작성하기 전, 예비내담자 대부분은 상담자로서의 당신이 어떤 사람일지 인상을 형성했을 것이다. 그들은 당신의 웹사이트 또는 온라인 연락처 명부에서 당신에 대해 알게 된 후 연락해 보겠다 결심한 것이다. 다른 사람(예, 이전 내담자)의 소개로 연락해 오는 이도 몇몇 있을 것이다. 자신들이 본 내용을 토대로 당신에게 연락하겠다고 선택했을 가능성이 크고, 그런 경우 지금까지 당신에 대해 이해한 바를 통해 당신에 대한 그림이 어느 정도 그려졌을 것이다. 이는 당신(그들에게 선택받은 상담자)에게 유리한 부분으로, 그들이 이미 당신의 말에 긍정적인 반응을 보이고 있으며, 관계의 '적합성'이 좋을 가능성이 크다는 의미이기 때문이다. 물론 그 반대의 경우일 수도 있다. 즉, 당신의 답변이 그들이 기대한 바에 미치지 못해서 이후 연락이 끊길 수도 있다.

내담자와 마찬가지로, 당신도 그들이 보낸 문의 이메일을 통해 내담자에 대한 인상을 형성하게 된다. 그들이 어떤 방식으로 단어와 구, 문장 부호, 배치 및 특수문자를 사용하여 생각과 느낌을 전달하는가에 따라 반응이 달라질 것이다. 다음은 문장 부호를 서로 다르게 사용한 글의 예이다. 두 예시에서 전달되는 감정이 동일한가?

1. **그녀는 퇴근 후 슈퍼마켓에서 만나면 자기가 원하는 걸 모두 고릅니다. 같이 계산대에 가면 그녀는 저를 쳐다보며, 있잖아, 내가 돈이 없어. 라고 말합니다. 아 이런, 젠장.**
2. **그녀는 퇴근 후 슈퍼마켓에서 만나면 자.기.가 원하는 걸 모두 고릅니다. 같이 계산대에 가면 그녀는 저.를. 쳐다보며, 있잖아, 내가 돈이 없어. 라고 말합니다. 아 이런, 젠!!!장!!!!!!**

일부 내담자들은 글을 쓸 때 :–) 또는 ;–) (미소 또는 윙크)와 같은 식으로 키보드를 치거나, 〈씨익〉 〈한숨〉과 같이 홑화살괄호 안에 감정을 넣기도 한다. 실시간 채팅 회기에서는 와 같은 이모티콘을 사용하는 일도 흔하다[2)](자세한 사항은 5장 참조). 복잡하고 대개 고통스럽기까지 한 감정을 단순하고 가볍게 묘사하는 것으로 느껴 반감을 갖는 내담자도 있을 수 있다. 따라서 온라인상담자가 먼저 이런 요소를 대화에 도입하기보다는 내담자가 먼저 사용하도록 두는 것이 일반적이다. 그러나 Fenichel 등(2002)이 밝혔듯이, 항상 그런 것은 아니다.

> 이메일 사용 경험이 많은 이들은 타이핑된 문자의 한계를 극복하기 위해 메시지에 실제 듣는 느낌이나 생동감을 불어넣을 수 있는 다

2) [역주] 본래 이모티콘은 문자와 기호를 사용하여 그림처럼 만드는 것이며, 본문에서 나타난 것과 같은 그림도안은 해외에서는 대부분 '이모지(emojii)'라고 부른다. 국내에서는 이모티콘과 이모지를 같은 뜻으로 사용하는 경우가 많으며, 저자가 이모티콘이란 용어를 사용하였기에 그대로 번역하였다.

양한 키보드 이용 기술을 개발해 왔다. 이들은 이메일 대화를 편지보다는 면대면 만남과 유사한 것으로 만들고자 했다. 이러한 전략에는 이모티콘 사용, 몸짓 언어나 '마음속' 생각과 감정을 전달하는 괄호 표현(한숨), 대문자와 *별표* 사용을 통한 목소리 강약 조절, 생각이나 얘기의 전환을 나타내는 말줄임표(...) 등이 포함된다. '스마일리(smiley)' 이모티콘이나 그 외 자주 이용되는 기호들을 사용하면 표정을 포함하여 다양한 감정적인 뉘앙스를 전달할 수 있다. 이모티콘을 섬세하게 사용하면 내담자와의 '지금-여기' 관계 안에서 경험하는 감정을 효과적이고, 미묘하고도 설득력 있는 방식으로 표현할 수 있다.

휴대전화 문자 약어에 익숙해지는 것도 온라인상담자에게 도움이 되는데, 일부 내담자가 이메일에서 이를 편히 사용하기 때문이다. 예를 들어, 다음과 같은 문자에 당신이라면 어떻게 응답하겠는가?

> **드뎌 답멜 받음... 쨌든... 엄빠가 이걸 알게 되어 급당황 안 하길 기원... 고로 내 전번 드리는 건 ㄴㄴ!**

말(단어) 해석하기

온라인상담자는, 작성된 내용을 해석하고 이해하는 데 시각적 효과(글꼴, 색상, 언어 및 문장 부호)에서의 차이가 어떤 영향을 미치는지 알고 있다. 그러나 이메일 프로그램이 서식 있는 텍스트(Rich Text)가 아닌 일반 텍스트(Plain Text)로 설정되어 있거나 이메일 텍스트를 문서 편집기에 복사하여 붙여넣고 서식(레이아웃)을 무효화하면 이러한 차이는 보이지 않는다. 또한 내담자의 이메일 프로그램이 일반 텍스트로 설정되어 있을 수도 있으므로 온라인상담자들은 이메일 답장을 할 때 서식을 사용하지 말고, 서식이 필요한 경우라면 이메일에 WORD, HWP, PDF 등 문서 파일로 첨부해 보내면 된다.[3)]

이러한 차이 외에도 사람들이 읽은 글에 반응하는 또 다른 좀 더 중요한 방식 차이가 있다. 우리 대부분은 글을 읽을 때 문자를 머릿속의 말로 듣는데 이는 읽으면서 이미 해석이 가해진다는 의미이다. 의미를 이해하기 위해 우리는 각자 나름의 억양(강약 및 어조)과 속도(단어를 말하는 속도, 멈추는 지점)를 문자에 부여한다. 이러한 해석 과정은 억양이나 속도 없이 단조로운 톤으로 말을 '듣는' 게(대부분은 그러지 않는다) 아니라면 불가피하다.

온라인상담자와 그들의 내담자들은 시작할 때부터 상대가 쓴 메일을 해석하는 과정을 거치게 되고, 이로 인해 오해가 발생할 소지가 크다. 첫 문의 단계(상대에 대해 잘 모르는 상태)에는 내담자의 말에 대한 온라인상담자의 해석이 부정확하기 쉬우므로 내담자에게 바로잡아 달라고 요청해야 한다. 오해가 발생할 수 있다는 점(특히 시작하는 시점에)과 서로 오해가 감지될 때는 즉시 바로잡아 주어야 한다는 점을 확실히 해두어야 한다. 이러한 상호 합의는 신뢰를 형성하고 권위보다는 평등성을 기반으로 하는 작업동맹을 구축할 수 있게 해 준다. 이 내용은 간단하게 답신에 포함시킬 수 있다(문의자

3) [역주] 이메일을 쓸 때 내가 화면에서 보는 서식이 상대방이 보는 화면에서는 다르게 적용될 수 있으므로, 똑같은 서식을 원한다면 파일로 저장한 것을 첨부하라는 의미이다.

C에 대한 상담자 답장 참조).

내담자의 이메일 주소는 상담 시작 전에 그들에 대해 판단을 유발한다는 점에서 때로 '정보가'가 있다. 다음은 실제 상담 내담자 이메일 주소를 약간 변형한 예이다. 이메일 주소가 '핥는 입술'(lickylips@googlemail.com) 또는 '느끼한 Jo'(greasyjo@yahoo.com)인 사람을 상담한다면 어떤 느낌이 들까? 또 이메일 주소가 'Chris와 Jane'(chrisandjane@hotmail.com)인 사람에 대해서는 어떤 생각이 들 것인가?

연습 활동

당신이 면대면상담과 온라인상담을 동시에 시행하는 일반 상담기관에서 온라인상담자로 일하고 있다고 가정해 봅니다. 다음 첫 이메일 문의에 어떻게 답변하시겠습니까? (주의: 내담자가 동일 지역 거주자인지는 확인할 수 없습니다)

> 안녕하세요, 웹사이트를 보고 도움을 받을 수 있겠다고 생각했어요. 전 공황발작이 있고 누군가와 함께가 아니면 집 밖으로 나가는 게 두려워요. 오랫동안 이런 상태이고, 이제 아주 지긋지긋합니다. 도와주실 수 있나요?
> Mary로부터

온라인상담 서비스 구축하기: 도구

온라인 작업에 필요한 도구로는 무엇이 있을까? 다음은 기본 체크리스트이다.

1. **컴퓨터**: 비교적 신제품(적어도 3년 이내 출시)으로 메모리가 충분해야 한다. 노트북이든 데스크톱이든 상관없지만 안전하게 암호로 잠겨 있어야 한다. 즉, 전원을 켤 때뿐 아니라 절전 모드를 해제할 때도 매번 암호를 입력해야 한다. 컴퓨터를 암호로 잠글 수 없다면 비밀보장이 필요한 내담자 자료는 이동식 저장 디스크에 저장하여 파일 캐비닛에 보관 후 잠그면 된다. 저장장치로는 USB 또는 키 드라이브(용어 사전 참조)가 적당하다. 노트북은 휴대하거나 치우기 쉬우므로 작업대를 다른 용도로도 사용할 수 있을 것이다. 하지만 도난당하기도 쉽다. 데스크톱 컴퓨터는 도난당하기 쉽지는 않으나 공간을 계속 차지한다.
2. **인터넷 연결**: AOL, Freeserve, BT Openworld, Virgin Media, Dialpipex, Sky 등과 같은 인터넷 서비스 공급자(ISP)에게 구매하여 연결한다.[4)]
3. **웹 브라우저**: 인터넷을 사용하려면 웹 브라우저 소프트웨어가 필요하다(예, Microsoft Internet Explorer, Mozilla Firefox, Safari, Chrome 등). 대부분의 컴퓨터에는 이미 웹 브라우저가 깔려 있다.
4. **이메일 프로그램과 이메일 주소**: 대부분 컴퓨터 판매자가 미리 깔아주는 이메일 소프트웨어(예, Microsoft Outlook, Outlook Express, Mozilla Thunderbird, Mac Mail, Eudora)와 이메일 주소

4) [역주] 인터넷 서비스 공급자(Internet Service Provider)는 개인이나 기업체에게 인터넷 접속 서비스를 제공하는 회사를 말한다. 대표적으로 한국에서는 KT, SK브로드밴드, LG U+ 등이 있다.

가 필요하다. 인터넷 서비스에 회원 가입하면 개인용 이메일로 사용할 수 있는 이메일 주소(joe.bloggs@virgin.net)를 만들 수 있다. 업무용 별도 메일 주소를 등록하는 것이 바람직하며 인터넷 서비스 업체에 새 계정을 만들거나(counselling@virgin.net) 핫메일이나 야후 같은 원격 웹서버에서 제공하는 이메일 주소(joebloggscounselling@hotmail.com)를 사용할 수도 있다.[5] 원격 웹서버 이메일 이용 시 어떤 컴퓨터에서나 이메일을 읽을 수 있다는 장점이 있다. 이메일을 USB 드라이브에 저장해두면, 이동 시에도 내담자와의 작업 내용을 확인할 수 있고 공간도 별로 차지하지 않는다.

5. **안티바이러스 소프트웨어(Norton, McAfee, AVG 등)**: 당신의 컴퓨터가 내담자 컴퓨터로부터 바이러스에 감염되지 않도록 하거나 내담자에게 바이러스를 전달하지 않도록 해 주는 소프트웨어로 자주(가능하다면 매일) 업데이트해야 한다.

온라인상담 서비스 구축하기: 전문적인 요구 조항

다음 목록에서는 기본적인 사항만 다룬다. 이후 11장에서 자세하게 다룰 것이다.

5) [역주] 국내에서는 다음, 네이버 등이 대표적이다.

1. 전문 배상보험: 해외 거주 인터넷 내담자에게 적용되는 한계나 제한사항에 대해서는 가입 보험사에 문의해야 한다.
2. 작업 내용을 컴퓨터에 (일시적일지라도) 보관하게 되므로, 민감정보취급자로 정부에 등록할지 여부를 고려해 볼 수도 있다. 영국인 내담자에 한해서 당신이 데이터 보호 등록부(영국 정보는 www.ico.gov.uk 참조)에 등재되어 있는지를 온라인으로 확인할 수 있다.
3. 전문 협회 및 지원: 자신의 소속 전문 협회(예, BACP[6], BPS[7], UKCP[8] 등)에서 온라인 작업을 허용하고 지원하는지를 확인하라. 전문 협회에 회원 온라인 등록부가 있다면, 내담자는 그곳에서 상담자를 찾아내고 당신이 어떤 사람인지 조회할 수도 있을 것이다.
4. 온라인상담및치료협회(ACTO, www.acto.org.uk), 국제온라인정신건강협회(ISMHO, www.ismho.org) 등 온라인상담자 지원에 특화된 전문 협회에 가입하는 안에 대해 생각해 보라. 이런 협회를 통해 동료 온라인상담자와 연계할 수 있고 공동 관심사인 전문적 이슈 관련 토론 포럼에 초대받을 수도 있다.
5. 온라인치료와 관련된 다양한 실천 강령의 요건에 대해 확인하라(부록 참조).

6) [역주] 영국상담및심리치료협회(British Association for Counselling and Psychotherapy)

7) [역주] 영국심리학회(The British Psychological Society)

8) [역주] 영국심리치료위원회(United Kingdom Council for Psychotherapy)

온라인상담 서비스를 인터넷에 올리기

온라인상담 서비스를 어디서 광고할 수 있을까? 면대면 내담자가 찾는 곳(예, 담당의 진료소, 지역 언론, 도서관 등)에 광고하는 방법이 있겠지만, 이 방식으로는 면대면 회기를 선호하는 내담자들의 관심만 끌 것이다. 온라인으로 작업하면 세계 각지에서 문의가 올 것이며, 우리가 얘기하려는 것도 온라인 방식의 광고이다.

이쯤 하여 몇 가지 제안을 하려 한다.

- 상담자 웹사이트 디렉터리(www.bacp.co.uk, www.acto.org.uk 등)에 정보를 등록하라. 대개 비용이 들기는 하지만 일부 디렉터리는 비밀보장이 되는 채팅과 메시지 공간, 그리고 상담료 자동 청구 기능을 제공한다. 인기 있는 웹사이트일수록 방문자가 많을 것이며, 따라서 당신의 웹사이트가 노출될 가능성도 커진다. (비용을 제외한) 단점은 당신 역시 수많은 상담자 중 한 명이기에, 예비내담자의 눈에 띄기 어렵다는 것이다.

Tip

다양한 검색 엔진(Google, Yahoo, MSN 등)을 사용하여 웹사이트를 얼마나 쉽게 찾을 수 있는지를 확인하라. 상담자를 찾으려 할 때 검색해 볼 법한 단어를 검색창에 입력하라(예, 우울증 상담자, 온라인상담자, 불안 상담, 공황발작 상담, PTSD 상담 등). 검색 결과, 첫 페이지에 나오는 웹사이트를 가장 여러 사람이 볼 것이다.

- 마음이 맞는 동료들과 협력하여 웹사이트를 구축하고 그 안에 각자의 개별 웹페이지를 만들라. 이런 구조하에서는 상담자나 서비스에 관해 안내하는 공간을 더 확보할 수 있다(일부 대형 웹사이트 디렉터리에서는 개별 설명을 몇 단어 이내로 제한한다). 당신과 동료는 웹사이트를 제작하고 유지하는 데 드는 비용을 분담할 수 있다.
- 원하는 만큼 여러 웹페이지에 당신과 당신의 서비스에 대해 안내하는 웹사이트를 만들어라. 그런 다음 http://freespace.virgin.net/joe.bloggs처럼 사람들이 기억하기 어렵고 복잡한 웹 주소도 상관없다면, 인터넷 업체에서 무료로 제공하는 공간에 웹사이트를 열어 둘 수 있다. 그러나 http://joebloggs.net과 같이 더 간단하고 기억에 남는 웹사이트 주소를 사용하려면, 도메인 이름 등록 웹사이트 중 하나에 (http://로 시작하는) 도메인명을 구매해서 등록해야 한다. 그러면 웹호스트(용어 사전 참조)에 웹사이트를 연결할 준비가 된 것이다. 123-reg.co.uk 또는 bravenet.com과 같은 웹호스트를 이용하면, 웹사이트 템플릿에 자신의 콘텐츠를 순서대로 추가한 후 웹서버(용어 사전 참조)에 한 번에 업로드할 수 있어서 웹사이트 구축 과정을 간소화할 수 있다. 이런 호스팅 업체에서는 도메인명 등록도 대행해 준다. 도메인명 등록과 웹호스팅에는 비용이 들지만, 가격은 천차만별로 자신의 주머니 사정에 맞는 곳이 어디인지 알아볼 필요가 있다.
- 이미 인터넷 이용이 익숙한 지인에게 도메인 등록과 웹사이트 업로드 등 복잡한 작업에 있어서 도움을 받으면, 당신은 웹페이지 내용을 작성하는 데 집중할 수 있을 것이다.

- 인터넷에 웹사이트를 개설한 후에는 검색 엔진에서 검색이 되게 해야 한다. 방법을 아는 경우 이 과정(검색 엔진 최적화-SEO; Search Engine Optimization이라고 함)을 직접 진행할 수 있지만, 검색 엔진 최적화를 해 주는 (유료) 웹사이트도 많이 있다. 일부 웹호스팅 업체에서는 검색 엔진 최적화에 대한 온라인 튜토리얼을 제공하기도 한다(http://webceo.com를 살펴보거나 SEO 도구를 검색해 보라).

연습 활동

상담자 등록 사이트와 개별 웹사이트들을 방문해 보세요. 어떤 정보가 있는지 확인해 봅니다. 당신의 상담 서비스를 어떻게 소개할지 계획해 봅니다. 어떤 정보를 포함하시겠습니까?

이 장에서는 온라인상담 관계가 어떻게 시작되는지와 온라인상에서 상담을 구현할 때 중요한 고려사항은 무엇인지에 대해 생각해 보았다. 3장에서는 내담자와 상호 합의된 상담계약 내용을 정하고 협상(이 과정을 거쳐야 치료가 시작된다)하는 방법에 관해 이야기할 것이다. 온라인상담 서비스를 제공하는 기관에서 일하는 사람은 이미 사전에 마련된 상담계약서가 있으니 다음 장이 불필요하다고 생각할 수도 있다. 그러나 그런 경우라 해도 기존의 상담계약에서 일부 부수적인 세부 사항이 누락되었을 수 있으므로 다음 장을 읽는 것을 권장한다. 누락된 사항에 있어서 온라인 내담자와 협상해야 하는 상황이 발생할 수도 있다.

3장 온라인상담계약

들어가기

온라인상담계약은 모든 치료작업에 있어서 안전한 토대 역할을 한다. Crouch(1997)는 전문성 있는 구조가 상담이라는 체제를 하나로 받쳐주는 역할을 하며, 전문적인 구조를 위한 전제 조건 중 하나는 상담에 대해 내담자와 명확하게 합의하는 것이라 말한다. 이런 전제하에 이 장에서는 상담계약의 다양한 측면과 현재의 면대면 상담계약을 온라인 작업에 어떻게 적용해야 할지에 대해 깊이 생각해 보기를 바란다. 면대면상담에서는 서면 상담계약서가 필수적이지 않지만, 온라인 작업에서는 그 특성상 내담자에게 보낼 서면 양식이 꼭 필요하다. 치료나 윤리와 관련된 이슈 중 일부는 다른 장에서 다룰 것이기 때문에, 여기에서는 상담계약 내용 및 내담자와

계약을 맺는 다양한 방법에 집중할 것이다.

Chechele와 Stofle(2003)에 따르면, 온라인상담자는 치료작업을 시작하기 전에 사전 동의를 포함하여 몇 가지 '관리 지침(housekeeping)' 문제를 우선 다뤄야만 한다. 그러므로 내담자가 아무리 치료작업을 시작하는 데만 급급한 경우라 해도 상담자의 할 일은 예비 작업이 완료되었는지를 확실히 하는 것이다.

내담자는 대개 이메일을 통해 첫 문의를 해 오며, 메일 안에는 상담받으려는 문제와 그들에 대한 많은 정보가 담겨 있을 것이다. 상담자는 이 내용을 무시하지는 않되, 상담 과정을 바로 시작하기보다는 상담계약 내용에 중점을 두고 첫 답장을 써야 한다. 면대면 장면에서 예비내담자에게 온 전화를 처음 받을 때 사용되는 기법과 동일한 기법을 사용하면 된다. 전화를 건 예비내담자는 상담자에게 자신의 문제에 대해 여러모로 얘기하려 하겠지만, 상담자는 이때 전화 통화 자체가 실제 상담처럼 흘러가지 않도록 단속해야 한다.

첫 이메일 및 답신

앞 장에서 첫 문의에 대해 살펴보았는데, 그때의 초점은 어떻게 치료동맹을 맺느냐 하는 것이었다. 여기에서는 온라인상담계약에 초점을 맞추면서 다양한 첫 이메일 문의 사례들을 보고자 한다.

> 웹사이트를 둘러보았는데, 당신과 상담을 하고 싶습니다. 도와주실 수 있을까요?
>
> Sam으로부터

친애하는 Anne 선생님,

인터넷에서 검색하여 당신의 이름을 찾았습니다. 제 삶이 지금 엉망진창으로 느껴져서 정리하고 싶어요. 남편은 자기를 이해해 주지 못할 거면 이혼하자고 합니다. 아이들은 저를 돌아 버리게 만들고, 엄마는 정말 저를 힘들게 하네요. 친구들과도 얘기해 봤지만 저마다 다른 조언을 해 주고 있습니다. 마치 모래 폭풍 안에 휘말린 것 같아요. 어떤 친구는 제가 그냥 지금의 위기를 돌파해서 헤쳐 나가면 된다고 하고, 다른 친구는 남편이 떠나기 전에 제가 먼저 남편을 떠나 버리라고 합니다. 어떤 친구는 별일도 아닌 것을 제가 키우는 것이라 얘기합니다. 이 문제로 제 일, 사회생활, 가정생활 모두가 힘들어졌어요. 뭘 해야 할지 정말 모르겠습니다. 어떨 때는 화난 벌 마냥 왕왕거렸다가, 어떨 때는 눈물이 왈칵 쏟아지기도 합니다. 아이들에게 이런 모습을 보여 주고 싶지 않아요. 최악일 때는 아무런 감각이 없는 것처럼 저나 가족에게 무슨 일이 벌어지는지 전혀 신경도 쓰지 않을 때예요.

모두에게 악영향을 미치고 있어요. 큰아이는 올해 중요한 시험이 있고, 친구들은 저의 징징거리는 모습에 지쳐 갈 텐데, 남편과 저는 거의 대화가 없어요.

제가 어떻게 하면 좋을지 알려 주시겠어요?

Jo로부터

첫 번째 사례 내담자에 대해서는 치료적인 대응을 할 수 있는 여지가 별로 없기 때문에, 사무적인 측면에 대해 바로 다루면서 상담 계약을 시작하기가 더 쉬워 보일 것이다. 그러나 이 내담자와 함께 작업하는 것이 가능할지를 판단할 수 있는 정보도 거의 없다. 상담받고자 하는 문제는 무엇인가? 온라인 작업에 적합한 문제인가? 상담자가 작업하겠다고 선택한 범위 안에 속하는 문제인가? 지금까지의 상황으로는 'Sam'이 남성인지 혹은 여성인지조차 알 수가 없다.

두 번째 사례에서는 상담계약을 체결해 가면서도, 내담자의 말에 귀 기울여 주고 치료적으로 지지받는다고 느낄 수 있게 하는 기법을 동원해야 할 것이다. 이렇게 균형을 맞추는 것은 어려운 일이고, 상담자별로 작업 방식과 개인적인 스타일에 따라 각자의 답변 방식이 생길 것이다. 그러므로 다음에 제시된 응답의 예시는 정답이라고 생각하기보다는, 가능한 방법 중 한 가지로 보는 것이 좋다. 각자 편한 자기만의 답변 방식을 정할 필요가 있다.

> 친애하는 Sam에게,
>
> 연락해 주셔서 감사합니다. 읽어 보고 온라인상담이 진행되는 방식을 이해하실 수 있도록 서면 상담계약서를 첨부하겠습니다. 여기에는 작업 방식, 상담료 등 실질적인 세부 사항들이 포함되어 있습니다. 웹사이트에서 이 정보 중 일부를 이미 접했을 수도 있지만, 시작 전에 세부 사항들에 대해 확실히 해 두는 것이 중요합니다. 그래야 이후 이러한 정보는 제쳐 두고 정작 다루기를 원하는 내용에 집중할 수 있을 테니까요. 확실하지 않은 부분이 있거나 상담계약서에 누락된 사항이 있는 것 같으면 반드시 제게 알려 주십시오.
>
> 상담계약서를 읽은 후 저와 상담을 하고 싶으시다면, 당신에 대한 정보를 적어서 다시 이메일로 보내 주세요. 이번에는 답

변을 원하시는 질문이 따로 없다면, 해결했으면 하는 문제에 대해서도 저에게 말해 주세요. 웹사이트에서 보실 수 있듯이 저는 다양한 문제들을 다루고 있습니다. 하지만 당신에게 도움드릴 수 있는 최선의 인물이 제가 아니다 싶으면, 온라인상담을 하는 다른 상담자를 소개하겠습니다.

이번에 제가 알려드린 정보가 도움되었기를 바라지만, 당장에 큰 도움은 되지 않았을 것 같네요. Sam, 당신의 회신을 기다리고 있겠습니다. 함께 일할 수 있기를 바랍니다.

행운을 빌며,

Anne으로부터

이는 Sam의 첫 문의보다 훨씬 더 긴 답장이며, 상담자가 내담자보다 길게 답장을 써야 한다는 오해를 내담자에게 불러일으킬 수도 있다. 그러나 상담계약이 성사된다면 필요한 경우 이런 부분은 이후 이메일에서 바로잡으면 된다.

두 번째 사례에 답장할 때 상담자는 호소 문제에 대해 다루기는 하되, 작업을 계속 진행하지 않을 경우에 대비해서 내담자를 보호하기 위해, 치료적으로 너무 깊이 이끌어서는 안 된다. 상담계약에 대해 동의하기 전에 작업을 시작했다가 어떤 이유에서건 작업을 진행할 수 없게 되면, Jo는 노출되고 취약한 채로 버림받았다고 느낄 수도 있을 것이다. 물론 첫 이메일에서 '짐을 벗어 버린' 내담자가 실제 원한 바를 이루었을 수 있으며 더는 본 작업 진행을 원치 않거나 진행할 필요가 없을 수도 있을 것이다. 이런 상황에서 적절한 답변을 받기 위해 시간을 들여 애를 썼던 상담자는 좌절감을 느낄 수도 있지만, 상담 예약까지 가지 못한 첫 전화 연락과 마찬가지 경우로 받아들이면 된다.

Jo에게는 다음과 같이 응답할 수 있을 것이다:

> 친애하는 Jo 님,
>
> 연락해 주셔서 감사합니다. 지금 생활 전반에 걸쳐 영향을 받고 큰 어려움을 겪으면서 앞으로 어찌해야 할지 전혀 모르는 상태인가 보네요. 정말 힘드시겠어요. 아주 여러 가지 감정들을 겪고 있다는 걸 잘 알겠어요.
>
> 우리가 함께 이 상황을 변화시킬 수 있는 방법을 찾아 나갈 수 있었으면 좋겠습니다. 이메일에 상담계약서를 첨부하겠습니다. 내용을 읽은 후에 궁금한 점이 있으면 언제든지 문의해 주세요. 우선 상담계약 내용을 잘 정리하고 넘어가는 것이 중요합니다. 그러고 나면 이후 치료작업에 집중할 수 있을 겁니다. 계약서에는 당신에 대한 몇 가지 사실 정보 관련 질문도 있을 거예요. 이렇게 해 두면 이후 세부 사항 확인을 위해 다시 질문할 필요가 없을 겁니다.
>
> Jo 님, 상담계약서를 제출한 후에 해 줄 당신 이야기도 기대할게요. 이메일을 읽으면서 이미지를 활용하여 자신의 느낌을 생생하게 글로 표현할 줄 아는 분이구나 감탄했습니다. 우리가 함께 작업할 수 있게 된다면, 이런 부분들을 좀 더 탐색해 볼 수 있을 것입니다.
>
> 행운을 빌며,
>
> Anne으로부터

자신이 어떻게 해야 좋을지 조언해 달라는 Jo의 요청은 받아들여

지지 않았지만, Anne은 "상황을 변화시킬 방법을 함께 찾아보자"라고 응답하였다. 상담계약서에서는 상담자가 내담자에게 조언하거나 무엇을 하라고 일러 주는 것이 아님을 강조할 필요가 있다. 상담계약서에 동의하기 전까지는 이메일상담이 시작되지 않을 것이라고 단도직입적으로 말하기보다는 "우선 상담계약 내용을 잘 정리하고 넘어가는 것이 중요합니다. 그러고 나면 이후 치료작업에 집중할 수 있을 겁니다." 또는 "상담계약서를 제출한 후에 해 줄 당신 이야기"라는 정도로 물러서는 것이 좋다.

이런 첫 답신에서 언제까지 답장해 주기를 바란다는 언급은 피해야 한다. 그러나 1주 내 또는 2주 안에 답변을 기대한다고 명시하지 않으면 차후 업무 계획을 하고 새로운 내담자를 받는 데 어려움이 생길 것이다. 이 상담이 성사될 것인가 아니면 성사되지 않을 것인가? 이후 연락해 올 다른 내담자를 받아들일 여력이 있는가? 그러나 이 시점에 내담자가 결정하는 데 압박을 주고 싶지는 않을 것이다. 내담자들에게도 생각해 볼 시간이 필요할 것이다. 이 문제에 있어 간단한 해결책은 없다. 예를 들어, 새로 받을 수 있는 내담자가 단 한 명인 상황이라면 함께 상담할 의지가 있는지를 정해진 시간 내에 알려 주도록 말하고, 그 이유에 대해서도 솔직하게 밝히면 된다.

앞선 이메일에서 내담자에게 상담계약서를 첨부한다고 말한 것은, 당연히 온라인상담 첫 문의를 받기 전에 미리 계약서를 준비해 두어야 한다는 의미이다. 그러나 때로 상담자는 실제 치료작업을 어떻게 할지에 대해 집중하는 데 바빠서 상담계약서를 미처 준비하지 못할 수도 있다. 표준 상담계약서가 시스템상에 미리 준비된 경우라면 이 계약서를 바로 보내거나 특정 내담자에 맞춰 필요한

상담계약서에 포함시킬 사항에 대한 아이디어

(순서는 중요도와는 무관함)

- 상담 방법(동시적, 비동시적)
- 상담료 및 결제 방법
- 상담자 정보
- 당신이 지켜야 하는 실천 강령(Code of Practice) 등의 전문적인 정보
- 기술적인 결함 발생 시 대책
- 예상치 않은 종료 시 대책
- 비밀보장
- 온라인 보안
- 개인 정보 요청
- 이메일이나 회기 교환 시기
- 치료적 이메일과 비치료적 이메일의 차이점
- 상담자가 이메일 한 통으로 받는 분량의 한도
- 개인적인 위기 발생 시 절차
- 슈퍼비전 정보

부분을 변경해 보낼 수도 있다.

이때 내담자가 읽고 받아들이기에 너무 긴 문서가 되지 않으면서 필요한 내용은 어떻게 모두 포함할 수 있을지를 고민하다가, 기본 사항 몇 가지만 넣어야겠다는 유혹을 느낄 수 있을 것이다. 꼭 포함해야 하는 필수 항목과 차후에 추가해도 별문제가 되지 않는 생략 가능한 항목 간에 균형을 맞출 필요가 있다. 예를 들어, 컴퓨터 고장 발생 시의 대응은 일이 일어난 후 논의하면 이미 늦다. 반

면, 상담자에 대한 정보는 웹사이트에서 확인 가능하므로 포함하지 않아도 무방하다.

가능하다면 사용하는 언어는 적당히 전문적이어야 하고 당신과 당신이 상담하는 방식을 반영해야 한다. 이는 면대면보다 온라인상에서 지키기 훨씬 어려운데, 상담실에서 내담자와 서면 계약을 검토할 때처럼 '부드럽게' 얘기하는 것이 불가능하기 때문이다. 당신은 내담자의 반응을 판단할 수 없고, 오해하거나 걱정하게 만든 것이 무엇인지 알아차릴 수 없다. 내담자에게 사용하기 전에 친구나 동료들에게 상담계약서를 읽어 보라고 요청하고 그들의 반응에 따라 변경 사항을 적용하는 것이 좋다. 동료들보다 내담자에게 직접 평가받기를 원한다면, 상담계약 문서에 대해 어떻게 느끼는지를 묻는 항목을 포함할 수도 있다. 상담계약에 포함해야 하는 그 외 사항에 대해서는 이후 다시 검토할 것이다.

온라인상담을 위한 계약

Bayne 등(1998)은 상담계약에는 보통 두 가지 요소가 포함된다고 했다. 하나는 당신의 (이론적) 접근 방식과 관련된 것이고, 다른 하나는 실제적인 준비 및 조건에 관련된 것이다. 아마도 자신의 배경을 적당히 밝히는 문장으로 상담계약 문서 첫 부분을 시작할 것이다. 자신의 웹사이트가 있는 경우 이를 참고하도록 하면 문서 분량이 불필요하게 늘어나지 않을 것이다. 예를 들자면 다음과 같다.

소개

저는 (소속 전문가 협회 명)에 등록된 상담자이며 협회 윤리 규준을 준수하고 있습니다. 자세한 내용을 확인하고 싶으면 http://______을 확인하시면 됩니다. 또한 저에 대해 더 알고 싶은 경우 http://______을 참고하세요.

다음 부분에는 상담료와 회기 타이밍에 대해 다룬다. 초반에 이런 문제를 다루는 것이 지나치게 상업적인 인상을 주지 않을까 하는 생각이 든다면 글 후반으로 미뤄도 된다. 내담자가 정해진 상담료를 지급할 의사가 없거나 제시한 타임 플랜(회기 시기 조정)이 마음에 들지 않는 경우, 계약서 전문을 읽는 데 시간 낭비하지 않을 수 있게, 우리는 이 내용을 앞부분에 집어넣었다. 전문적이고 사업적인 부분에서의 사전 조율은 치료적 작업에도 안전한 토대 역할을 하므로 이러한 부분에 대해 미리 합의가 이뤄져야 한다.

상담비용과 회기

상담비용은 이메일 1회 교신당______이며, 메신저 회기(1시간 이내)당______입니다. PayPal과 같은 온라인 결제 시스템, 수표, 무통장 입금 방식 등을 이용할 수 있습니다. 매번 이메일 교신당 비용을 입금할 수도 있지만, 일반적으로 내담자들은 4회기 진행 비용을 선입금하는 방식을 선호합니다.

우선 실시간 상담 4회기 진행이나 이메일 교신 4회 방식 중 당신에게 어떤 방식이 가장 좋을지 합의하려 합니다. 당신이 원하는 경우 이메일 교신을 대체해서 메신저를 활용할 수 있으며, 이 경우 주 1회 화면상에서 '실시간'으로 만나게 됩니다. 회기는 대략 1시간 이내로 진행됩니다. 만일 작업 방식에 대해 모호한 부분이 있다면 첫 이메일 교신에서 함께 이야기해 볼 수 있습니다. 그 후 어떻게 도움을 드릴 수 있을지, 그리고 계속 상담을 진행하고 싶은 의사가 있는지에 대해 살펴볼 것입니다. 일주일 중 원하는 요일에 이메일을 보내시면 되는데, 매주 화요일이 제가 온라인상담을 하는 날이기 때문에 그때 답장을 드리겠습니다. 답장할 때는 치료 이메일1, 치료 이메일2 등과 같이 순서대로 번호를 매겨서 짧은 이메일 메시지에 첨부 파일로 보내겠습니다.

별도로 당신이 보낸 이메일을 수신할 때마다 받았다고 수신확인 이메일을 보내겠습니다. 당신도 수신확인을 해 준다면, 메일 송수신에 별문제가 없는지 확인하는 데 도움이 될 것입니다.

앞에 제시된 예는, 언제 답장할 것인가에 대해 상담자가 직접 일주일 일정을 봐 가며 정할 수 있는 방식이다. 따라서 온라인 작업을 처음 시작하는 상담자에게 적당한 방식이라 본다. 온라인 작업 경험이 쌓이게 되면 일부 사람들은 좀 더 융통성 있는 작업 방식을 선호하기도 한다. 모든 메일에 답하지는 않더라도, 내담자가 보내는 메일은 몇 통이든 개의치 않는 상담자도 있다. 그러나 온라인상담자로서 이제 막 시작하는 이들이라면 과도한 부담을 받을 수 있으므로, 이런 방식은 추천하지 않는다. 답장 날짜를 미리 정하면 관리가 더 쉽고, 경계가 명확해지며 구조도 분명해진다.

그러나 이미 온라인 경험이 많이 있고 정해진 요일에 특정 내담자를 상담하는 상담자가 아니라 하면 다음과 같이 쓸 수 있다.

> **이메일상담을 원한다면, 원할 때 이메일을 보내시면 되는데, 저는 (주말을 제외하고) 근무일 3일 이내에 답장을 드릴 수 있습니다. 여러 통의 메일을 한 번에 보내면 이들을 모아 한 통의 메일로 답장하겠습니다. 답장할 때는 치료 이메일1, 치료 이메일2 등과 같이 번호를 매긴 파일을 짧은 이메일 본문에 첨부해서 보내겠습니다.**

내담자가 위기를 경험할 때, 어떻게 할 것인지에 대한 단락을 넣으려 할 수도 있다. 온라인상담에서는 그러한 상황에서 지지해 주기가 매우 어렵다고 느끼는 상담자도 있다. 그럼에도 지지는 꼭 필요하다고 보는 시각도 있다. 면대면 내담자에게 해줄 수 있고 준비된 것이 무엇인가에 따라 온라인 지원도 달라질 것이다. 이런 상황이 온다면 온라인상담이 갖는 제약 안에서, 전반적으로 면대면 내담자 지원과 동등한 수준의 지원이 가능한 방안을 찾아야 한다. 이런 방안에는 사마리탄 전화번호(국내의 경우 생명의전화)를 알려 주거나, 다른 지원 제공처의 도움을 받도록 제안하거나, 당신이 제공할 수 있는 지원은 무엇인지 알려 주는 것 등이 있다. 다른 나라의 내담자와 작업하고 있는 경우에는, 위기 상황에서 어떤 전문적인 도움을 받을 수 있는지 모를 수도 있다. 상담자가 제공할 수 있다는 확신이 있는 방안만을 제안해야 한다. 주말에 온라인에 접속하지 않는 상담자라면, 근무 시간 외에도 위기 상황에 한해서는 이메일에 답장해 주겠다는 것은 하나마나한 얘기일 것이다.

상담계약서에서는 비밀보장도 다루어야 한다. 다음 내용은 영국의 예시이며, 각 나라의 슈퍼비전 관련 법률과 요구조항을 반영하여 조정되어야 한다. 내담자가 당신과의 사이에서 문제가 생겼을 때 슈퍼바이저에게 연락을 취할 수 있도록, 슈퍼바이저에 대한 세부 사항을 포함하고자 할 수도 있다. 이런 경우 슈퍼바이저의 동의가 필요하다. 내담자가 만약 상담자와의 관계에서 어려움이 있다면 우선 상담자와 논의를 거치고 그에 대해 작업해 보는 것이 먼저라고 생각하기 때문에 저자들은 상담계약 시에 슈퍼바이저 정보를 제공하지는 않는다. 하지만 내담자-상담자 관계 문제를 직접 해결할 수 없는 경우라면 기꺼이 정보를 제공할 것이다.

> 비밀보장
>
> 우리의 작업 내용은 다음과 같은 예외 상황을 제외하고 비밀보장이 유지됩니다. 첫째, 영국 내 모든 상담자는 내담자의 목표 달성에 가장 효과적인 상담을 할 수 있도록, 비밀보장이 되는 정기적인 슈퍼비전을 받아 상담 내용에 대해 논의하게 되어 있습니다.
>
> 둘째, 당신이 위험에 처하거나 타인을 위험에 빠뜨릴 수 있다고 판단되면 비밀보장의 원칙을 지키지 못할 수 있습니다. 이 외에도 특정 상황에서는 테러방지법, 아동법, 범죄수익금법, 도로교통법 등에 근거하여 비밀보장 조항의 파기와 정보 공개를 요청받을 수 있습니다.
>
> 법적인 사유로 정보 공개 전 고지가 불가능한 상황이 있겠지만, 가능한 경우에는 되도록 당신에게 최우선으로 알릴 수 있게 최선을 다하겠습니다.

이러한 문장은 당신과 내담자가 주고받는 이메일 보안에서의 비밀보장을 다루는 것은 아니다. 4장에서 비밀보장, 개인 정보 보호,

암호화 및 휴대용 키 드라이브의 사용에 대해 자세하게 다룰 것이다. 상담계약서에서 이러한 측면에 대해 다뤄 주고, 특히 직장 공용 컴퓨터 이용 시 타인이 내담자가 쓴 이메일에 접근할 수 있다는 점을 강조하여, 각자의 컴퓨터 이용 시 어떻게 보안을 유지해야 하는지 안내하는 내용의 문서도 전달할 것이다.

가장 기본적인 수준부터 보면, 내담자들은 비밀번호를 걸어놓지 않으면 가족이나 컴퓨터를 공유하는 다른 사람들, 심지어 단순히 같은 집에 거주 중인 이들도 자신의 이메일이나 저장된 메신저 회기를 확인할 수 있다는 사실을 종종 잊곤 한다. 매번 같은 비밀번호를 사용하다가 타인에게 비밀번호가 노출되기도 한다. 초반에는 배우자나 친구가 치료 이메일을 읽더라도 별 상관이 없다고 생각했더라도 나중에는 아무도 보지 않았으면 하는 내용의 글을 쓰게 될 수도 있다.

비밀보장 및 개인 정보 보호와 관련된 또 다른 사항은, 내담자가 당신에게 글을 쓰거나 '대화'를 나누는 실제 공간에 대해서도 주의해야 한다는 것이다. 컴퓨터가 공용공간에 있는 경우 작게는 단지 방해되는 정도라면, 최악의 경우 적고 있는 것을 누군가 어깨너머로 보고 있을 수도 있다.

앞서 내담자가 주의할 부분을 강조했다면, 우리 자신 역시 면대면 작업에서조차 얇은 벽 너머로 누군가 대화 내용을 엿들을 수 있다는 점을 떠올려 볼 필요가 있다. 비밀보장에 있어 합리적이고 안전한 대비책을 마련하는 것과 과도하게 걱정하는 것 사이에서 균형을 유지해야만 한다. 결국 우리는 발생 가능한 위험 요소에 대해 지적하고, 안전한 작업이 가능케 하는 방안을 제시한 후, 그 대비와 시행은 내담자에게 맡길 수밖에 없다.

이때 사용할 수 있는 문구는 다음과 같다.

> **개인 정보 보호**
>
> **제 컴퓨터는 비밀번호로 보호되고, 다른 사람과 공유하지 않으며, 제 상담실 안에 있습니다. 함께 작업하면서 주고받은 이메일의 보안 유지를 어떻게 할 수 있을지 결정하는 데 참고할 만한, 몇 가지 아이디어를 담은 워드 문서를 따로 첨부하겠습니다. 분명하지 않은 부분이 있다면, 질문해 주세요.**

기술적 오류가 생길 수 있고 때때로 실제로 발생하는 사례도 있으므로, 막상 문제가 발생했다면 해결 절차에 대해 명확히 숙지하고 따를 수 있도록 문제 발생 전에 미리 잘 조정해 두어야 한다. 웹 기반 계정에서도 이메일 서비스를 사용할 수 있게 해 두면, 실제로는 공용 인터넷 이용 지점에서도 이메일을 보낼 수 있다. 예를 들어, 개인 컴퓨터가 고장났을 때, 공용 컴퓨터로 치료적 이메일을 보내는 것은 꺼려질지라도, 컴퓨터 고장 사실 정도를 알릴 때는 잘 활용할 수 있을 것이다.

유사시 확실히 지원해 줄 수 있는 IT 인력을 확보해 두면 훨씬 안정적인 작업이 가능하다. IT 기술이 매우 뛰어나서 이런 지원이 필요 없는 사람도 있겠지만, 인터넷 제공업체로부터 요긴한 지원을 받을 수 있다는 사실을 알아 두거나, 신속한 문제해결이 필요할 때 전화할 수 있는 동료나 전문가를 확보해 두는 것은 상담자 대부분에게 꼭 필요한 일이다.

기술적인 부분에 대해서는 다음과 같이 얘기할 수 있다.

기술적인 문제
온라인으로 작업한다는 것은 때때로 기술적인 어려움이 생길 수 있다는 의미입니다. 온라인에 접속할 수 없는 경우, ○○○-○○○○으로 전화 메시지를 남기시거나 제 휴대전화인 ○○○-○○○○-○○○○으로 문자 메시지를 보내 주시기 바랍니다. 온라인 접속이 불가할 때 당신에게 연락할 수 있는 방도를 알려 주셔도 좋습니다.
만약 당신으로부터 72시간 이내에 제 이메일을 받았다는 답이 오지 않으면, 문제가 생긴 것으로 보고 다시 이메일을 보내 드리겠습니다. 그 후에도 연락이 오지 않는다면, 저와 함께하는 작업의 중단을 원하는 것으로 간주하겠습니다. 우리가 함께 작업하는 동안 언제라도 상담계약 종료를 원할 시에 이에 대해 제게 알려 주시면 대단히 감사하겠습니다.

동의서

상담계약서에 모든 내용이 담겨 있으니 모두 분명할 것으로 생각하기 쉽다. 그러나 내담자는 특히 불안으로 인해 내용을 제대로 이해하지 못할 수 있고, 당신이 미처 생각지 못했던 부분에서 답변을 요구하기도 한다. 이런 이유로 답변이 필요한 부분은 없는지 미리 간단히 물어봐 주는 것이 바람직하다.

다음과 같이 쓸 수 있다.

본 상담계약서를 읽고 모든 사항을 정확히 확인한 후 다음 양

> 식을 이메일로 보내 주시기를 바랍니다. 이후 치료 작업을 시작하겠습니다.
> 답장 기대하겠습니다.

여기에는 상담계약이 성사된 후에야 작업을 시작할 수 있다는 의미도 담겨 있다. 여기서 일컫는 '다음 양식'이란 상담계약 조건에 대해 상담자와 내담자가 동의했음을 기술한 내용이고, 필요한 배경 정보에 관한 질문도 양식에 넣을 수 있다. 그 내용은 다음과 같다.

> 나는 Anne Stokes(상담자 이름)와의 상담계약서를 읽었으며 약관에 동의합니다.
> 이메일 / MSN 으로 작업하고 싶습니다. (선택사항에 표시하세요)
> 수표 / 인터넷 결제 / 계좌이체 로 지불하겠습니다. (선택사항에 표시하세요)
> 이름 ______________________________
> 날짜 ______________________________

개인 정보 제출 요청 시, 연락할 전화번호와 주소를 함께 요청해도 된다. 익명이 지켜지기를 바라는 내담자도 있기 때문에 이러한 질문(또는 그 외 질문) 뒤에 '선택 사항'이라 표시해 둘 수 있다. 특정한 나이 이하의 내담자는 상담하지 않는다는 방침이 있는 상담자라면 나이도 중요할 것이다. 내담자의 이름만으로 성별이 무엇인지 확실히 알 수 있는가? 아니면 내담자에게 물어보아야 알 수 있는가? 복용 중인 약물, 도움을 주는 다른 건강 분야 전문가, 알코올

섭취, 처방받지 않은 약물 사용, 자살 사고, 또는 이전 상담 경험 등의 여부를 확인하는 것도 도움이 될 것이다. 각자의 성향에 따라 출신 가족 및/또는 현재 가족, 또는 그들의 직업 등에 대해 물어볼 수도 있다. 내담자가 지원받을 수 있는 네트워크(예, 친구, 가족, 교회 등)에 대해 미리 알아 두면 위기 시에 소중한 정보로 활용할 수 있다. 이 외에도 알아 둘 필요가 있다고 생각하는 사항들을 추가하면 된다.

이러한 사항들은 일단 알아 두면 나중에 다시 물어볼 필요가 없다는 점 때문에 유용하기는 하지만, 내담자의 반응이 어떤지는 잘 살펴봐야 한다. 정보 제공에 별문제가 없다고 느끼고, 전문상담자라면 당연히 이런 질문을 할 것이라 기대하는 이들도 있다. 반면에 너무 많은 공개를 요구받는다고 느껴 상담에 관여하는 것을 부담스러워하며 꺼릴 수도 있다. 다시 말하자면, 이는 당신이 대면상담을 할 때는 어떻게 했는지와 이러한 상황에서 대처할 수 있는 융통성을 얼마나 갖추고 있는지에 달려 있다.

앞서 나온 예들과 유사한 질문들로 구성된, 정해진 양식을 매번 이용해 온 상담자라면, 처음에는 기존 양식을 온라인 사용에 적합하게 수정하여 사용하는 것이 편할 것이다. 이후에 내담자로부터의 피드백이나 질문에 대한 응답(또는 무응답!) 내역을 고려하여 양식을 점차 조정해 나갈 수도 있을 것이다. 당신이 평가 도구나 접수 면접을 이용해 본 적이 전혀 없다면 이러한 질문들이 모두 낯설기만 할 것이다. 게다가 이런 사전 질문을 거치지 않고 상담을 시작했다면, 온라인상담에서는 이런 정보를 파악하는 것이 대면상담에서보다도 더 어렵다는 점을 깨달은 후에야 배경정보 파악에 도움이 되는 장치나 절차가 있었으면 할 것이다. 배경정보 파악을 하는 데 있어서 정해진 한 가지 답은 없으며, 대면으로는 당연히 확인할 수 있는 정보지만 온라인으로는 확인 불가능한 경우도 많다. 당신이 21세 여성이라고 생각한 그 내담자가 사실은 84세의 남성일 수도 있다!

국제 온라인 사례 연구회에서 상담계약에 관한 토론을 진행했을 때 한 참가자는, 온라인상에서는 신뢰가 쌓여가는 속도(pace) 자체가 다르기 때문에, 자신은 따로 정보를 요청하지 않는다는 입장을 밝히기도 하였다(Jones, 2002). 또 미리 질문을 꺼내기보다는 정보가 필요한 순간이 되었을 때, '복용 중인 약이 있습니까?'와 같이 질문하는 것이 가장 효과적이라는 의견을 밝힌 참가자도 있었다.

내담자와의 본격적인 치료 작업에 대해 다루는 다음 장을 읽기 전에, 다음 내용을 연습해 보면서 각자의 상담계약서를 어떻게 구성할지에 대해 여러모로 생각해 볼 수 있을 것이다.

연습 활동

1. 온라인으로 작업하는 상담자 웹페이지를 검색하여 내용을 살펴봅니다. 스타일에서의 차이, 국가 또는 지역의 차이, 내용 등에 주목하면서 그들의 상담계약에 대해 알아봅니다. 나의 상담계약에도 포함되면 좋을 항목들을 뽑아 정리해 봅니다.

2. 온라인상담에서 사용할 수 있는 상담계약서를 작성해 봅니다. 당신의 작업 방식에 맞는 스타일로 작성합니다. 동료 상담자와 친구들에게, 이를 읽어 본 후 명확성과 사용자 친화성에 대해 의견을 달라 요청하세요. 필요한 경우 수정합니다.

3. 이미 온라인으로 작업하고 있고 상담계약 양식을 갖추고 있는 경우, 이 장을 읽으면서 떠오른 점들을 참고하여 기존 양식을 검토해 봅니다. 이 경우에도 다른 이에게 검토해 주도록 부탁할 수 있습니다.

4장

이메일 및 게시판을 활용한 비동시적 상담

들어가기

이 장에서는 비동시적(시간 지연) 상담에 대해 살펴본다. 기술이 발전하면서, 이메일로 또는 웹사이트상에 특별히 개설된 비밀번호가 걸려 있는 공간(흔히 게시판이라 부르는) 내에서 메시지 작성을 통한 비동시적인 소통이 가능해졌다. 이 장 첫 부분에서는 실제로 비동시적 상담을 어떻게 하는가에 관해 설명할 것이다. 치료적 반응의 몇 가지 예시와 함께 온라인 작업에서 시간 계획을 세우고 배분하는 방법에 대해서도 제시할 것이다. 또한 비동시적으로 논박(challenge)하는 방법과 내담자의 온라인 침묵에 대처하는 방법에 대해서도 고려해 볼 것이다. 두 번째로 비밀보장 유지, 암호화, 디지털 서명 및 컴퓨터 개인 정보 보호를 포함하여 온라인 작업의 실제적인 측면 몇 가지를 살펴볼 것이다. 동시적 그리고 비동시적 상담에 있어 발생할 수 있는 일부 경계 문제에 대해서는 10장에서 논의할 것이다. 우선 비동시적 상담의 주요 방법 두 가지에 대해 간략하게 설명하려 한다.

이메일상담

이메일상담은 상담자와 내담자 간의 이메일 교신(이메일을 각자 한 번씩 주고받는 것이 이메일 교신 1회에 해당)으로 이루어진다. 치료적 글을 이메일 본문에 적을 수도 있고 파일 형태로 이메일에 첨부해 보낼 수도 있다. 이메일에는 어떤 파일이든 첨부할 수 있으므로, 사진 및 사운드 파일도 온라인상담에 활용할 수 있다(자세한 내용은 7장 참조).

비밀 게시판상담

비밀 게시판을 통한 상담에서 상담자와 내담자는 웹사이트에서 비밀번호가 걸려 있는 구역에 접속해서 서로 비밀 메시지를 받고, 읽고, 저장하고, 보낸다. 인터넷만 연결되어 있으면 어떤 컴퓨터에서든지 게시판에 접속할 수 있다. 모든 기밀 자료는 비밀번호 너머에 저장되기 때문에 웹 주소와 암호를 모르는 사람은 이에 접근할 수 없게 되고, 따라서 내담자가 컴퓨터를 공유하는 경우 특히 이 방법을 사용하는 것이 바람직하다. 그러나 메시지가 이메일 프로그램으로 전달되지 않기 때문에(메시지 확인을 위해서는 수신자가 웹사이트를 방문해야만 한다), 따로 조치하지 않으면(예, 이메일을 통해 글 게시 알림), 상담자나 내담자 모두 메시지 도착 여부를 알 수 없다.

비동시적 상담의 실제

치료 작업 시작 전에, 상담계약에 대한 동의와 함께 연락 방법과 시기를 대략 정하는 내용의 예비 이메일을 2~3회 교환할 수도 있다. 예비 이메일 교신을 통해, 내담자는 상담을 통해 검토해 보고자 하는 문제에 대해 다소간 털어놓게 될 것이고, 상담자는 그들과 관계를 맺어 나가기 시작할 것이다. 비밀보장 및 개인 정보 보호에 대해서도 논의하고, 온라인상담이 적합할지에 대한 초기 평가도 하게 될 것이다. 이 장에서는 비동시적 상담의 실제에 대한 몇 가지 예시를 들 것인데, 이메일과 게시판 글 모두에 '이메일'이라는 용어를 사용할 것이다.

상담 교신 시기

비동시적 상담의 시기 선택은 치료 동의서 작성에 있어서 핵심 요소라 할 수 있다. 상담자와 내담자는 언제 의사소통할지를 결정한다. 내담자와 상담자 모두에게 있어 지지적인 환경을 조성하는 데도 미리 명확히 정해 두는 것이 도움이 되므로, 언제 메시지를 수신하고 답장하리라 기대하고 가정하고 있는지 확인해 보아야 한다. 다음 예시에서 온라인상담자들이 어떻게 연락 가능한 시기를 분명히 밝히고 있는지를 확인할 수 있다.

> 우리 온라인상담 서비스에서는 다양한 방식으로 이메일 교신을 할 수 있습니다. 내담자 측 동의서에 당신이 희망하는 방식을 표시해 주시기 바랍니다.
>
> 1. 원할 때마다 이메일을 보낼 수 있다. 단, 상담자는 정해진 요일(예, 목요일)에 받은 메일에 대해 답장을 한다.
> 2. 이메일을 보낼 때마다 상담자의 답메일을 받는다. 상담자는 보통 48시간 이내에 답장하며, 불가능한 경우 이를 내담자에게 알린다.
> 3. 정해진 한 주에 대한 비용을 내고, 그 주간에는 원하는 대로 제한 없이 이메일을 주고받을 수 있다.
>
> 제가 보내는 이메일 답신을 치료 이메일(Therapeutic Email, TE)이라고 부르는데, 이에 대해서는 비용이 청구됩니다(선불 내역에 따라 이메일별로 제목란에 TE1/3 혹은 TE2/5식으로 번호를 붙일 것입니다). TE를 읽은 후 생긴 궁금증에 대해서는 별도의 비용 부과 없이 간단히 답변 드리겠습니다. 관리 이메일(예, 상담자 답신 중 이해되지 않는 내용에 관한 질문, 실시간 상담 예약 등) 역시 따로 비용이 부과되지는 않습니다.

일단 내담자에게 상담 동의서가 전달되고 나면, 어떤 온라인상담자들은 동의서 작성 후 회신까지 마친 후에야 치료 작업이 시작된다는 점을 넌지시 알리기도 한다. 그리고 치료 시작 방법은 각자의 선택에 따라 달라진다. 발달력과 자세한 배경정보, 설문지와 기분 척도 등을 모두 작성하도록 요청하는 상담자도 있고, 상담받으려는 문제에 대해서만 적어 보도록 하는 상담자도 있다. 실제 상담실에서 신규 내담자를 맞을 때 사용했던 것과 유사한 촉진적인 질문이나 문구를 써서 내담자에게 주는 것도 도움이 될 것이다. 내담자가 스스로 준비되었을 때 시작할 수 있도록 기다리는 것이 평소의 방식이라면, 온라인상담에서는 자신의 방식에 대해서 미리 서면으로 설명해 줘야 한다.

내담자가 쓰는 이메일의 길이에 대해서도 상담자에 따라 선호하는 바는 다르다. 어떤 온라인상담자들은 내담자가 한 통의 이메일에 작성할 수 있는 글의 적정한 길이를 지정하는 방식을 좋아한다. 또 다른 상담자들은 자료가 추가될수록 치료에 도움이 될 수 있다고 생각해서 쓰고 싶은 만큼 마음껏 쓰도록 권장하기도 한다. 내담자가 보낸 이메일의 길이와 상관없이 내담자가 받게 될 답장의 길이를 지정하는 상담자들도 있다. 내담자가 이메일을 짧게(15줄 미만) 보내는 경우, 내담자가 언급하지 않은 신체적 문제나 읽기 문제가 있을 수도 있으므로 유사한 길이의 답변을 보내는 것이 좋을 것이다.

스스로 정리하기

내담자와 함께한 이메일 '회기'의 수를 기록하라. 일지에 각 이메일별 예약시간을 기재하는 방식으로 기록을 남기는 상담자도 있다. 일지를 기록해 두면 내담자별로 치료가 어느 정도 진행되었는지, 그리고 새로운 문의가 들어왔을 때 신규 내담자를 받을 여유가 있는지를 확인할 수 있다.

저자들이 운영하는 수련 과정에서는 내담자 이메일 응답 시 면대면 내담자를 대할 때와 같은 방식으로 임하도록 한다. 이메일 응답을 할 때는, 전화를 받거나 초인종에 답하지 않고, 사무실 문은 닫아 두며, 사적으로 방해받지 않는 상태에서 내담자의 이메일을 처리한다. 하지만 온라인상담자는 자신에게 편리한 시간에 맞춰 온라인 작업에 임할 수 있으며, 입고 싶은 옷을 입고, 일하면서 옆에 음료수를 두고 마셔도 된다. 그리고 내담자 이메일을 수신한 즉시 응답하고 싶은 강한 유혹이 들 때도 있을 것이다. 내담자가 작성한 내용을 이해한다는 확신이 든다면 별 상관이 없다. 하지만 내용에 대해 확신이 가지 않는 이메일에는 Suler(1998)의 '24시간 규칙'을 적용할 수 있다. 그는 답장 작성 후에 24시간 동안 그대로 두었다가 다시 읽어 본 후 보내는 방법을 통해, 내담자에 대해 이해한 바가 달라졌으면 교정할 시간을 갖는다. 우리는 수련 시 상담자 답신 작성 후 발송 전에 내담자의 이메일과 상담자의 답신을 모두 다시 읽어 보도록 권장하여, 내담자의 문제를 제대로 이해하고 답했는가를 확인하도록 한다. 만일 확신이 들지 않는다면, 24시간을 기다렸다가 다시 읽어 보고 보내는 추가 안전조치를 취하도록 권하고 있다.

치료 이메일 답신

이메일 답신의 배치(lay out)는 다양한 방식으로 정할 수 있다. 어떤 상담자들은 내담자가 쓴 글을 그대로 두고 그 안에 자신의 답신(대화를 나누는 식)을 작성하는 방식을 선호한다. 다른 상담자들은 내담자의 이메일을 짤막하게 인용하여 그에 대해 답변하는 방식을 선호한다. 또 다른 상담자들은 정교한 서식(예, 글머리 기호 목록, 글 색상, 이미지, 시 등)을 활용하여 워드 문서로 답변을 작성하고, 봉투

안에 편지를 넣듯이 표지 이메일에 이를 첨부한다. 대화, 별도의 파일 첨부, 또는 단독 이메일 중 어느 것을 택하느냐는 개인 취향과 내담자 문제의 복잡성에 따라 달라진다. 단독 이메일은 한 가지 문제에 초점이 맞춰져 있는 내담자에게 적합하다. 대화 스타일은 내담자 이메일 내용이 다양한 문제에 걸쳐 있고 그 각각에 대해 답하고자 할 때 유용하다. 서식이 지정된 답신의 경우, 글 안에서 중요한 점을 짚어 줄 수 있어서 읽기 문제가 있는 내담자에게 특히 유용하다.

단독 이메일

일부 상담자는 내담자의 이메일에서 인용한 내용에 자신의 글을 더해 단독 이메일 방식으로 응답한다. 예를 들면, 다음과 같다.

> H 님, 안녕하세요?
> 저는 H 님의 이메일에 답변 드리려 집중한 채 지금 컴퓨터 앞에 앉아 있습니다. 이메일을 읽고 화가 나면서도 무력감을 느꼈습니다(*H는 외로이 고립되어 있고, 그녀의 모든 노력이 수포가 된 채 사람들은 그녀를 돕기보다는 외면하고 있는 듯 보인다*). 이런 표현이 그 순간 당신이 삶에서 느낀 감정을 제대로 묘사하는 것일까요? 제가 제대로 이해하지 못한 부분이 있다면 다음 이메일에서 알려 주세요. 제 말이 맞다면 이런 생각들을 적어 가는 게 매우 고통스러웠을 것이고, 여태껏 우리가 다룬 내용은 아마 빙산의 일각(?)에 지나지 않을 것입니다. 작성해서 보내주신 내용 중 가장 중요한 내용이라고 생각되는 것들을 요약해

보겠습니다. 그중 제 시선을 끌었던 부분인 'Nan이 세상을 떠난 후 진정으로 행복했던 적이 한순간도 없었어요'**라는 문장부터 살펴볼게요**〈*이 내용을 읽으면서 슬펐습니다*〉**. 여기에서 H님은 아주 슬퍼 보였고, 이는 아주 중요하고도 쓰면서 고통스러웠을(?) 표현입니다. 아마 다음 이메일에서 이 부분에 대해 더 이야기하고 싶을 것 같습니다...**

* **진하게**: 상담자가 쓴 글임을 표시
기울임: 상담자의 개인적 생각임을 표시
〈 〉: 상담자 개인적 반응이면서 본문과는 구별하기 위해 사용
? : 추측이나 가설임을 표시
' ' : 내담자가 쓴 내용을 표시

앞의 예시에서 상담자는 인용 부호 및 내담자가 택한 글꼴 사용을 통해서 내담자 발언에 대한 인용을 표시했다. 이메일에서 다른 글꼴 사용이 불가한 경우, 상담자가 쓴 글과 내담자 발언의 구분을 위하여 굵게 표시하거나 밑줄을 그을 수 있다.

내담자 말을 반복해 줌으로써 그들이 쓴 내용을 타당화(validation)해 주는 동시에 상담자가 그 내용에 중요성을 부과하고 있음을 표현할 수 있다. 이메일의 주된 내용과 구별을 위해 기울임체와 홑화살괄호〈 〉를 사용하여 글에 개인적인 반응을 추가했으며, 작성한 내용이 확실한 것은 아님을 표현하기 위해 괄호 안에 물음표를 붙였다.

대화 이메일

여러 가지 문제를 건드리고 있는, 긴 길이의 내담자 이메일을 처리할 때는 내담자의 글 안에 답변하는 방식이 유용하다. 이것은 전체 글을 다루기 쉬운 분량으로 나눠서 한 번에 한 가지씩 다뤄 가는 방식이다. 이때 상담자들은 내담자가 가져온 다양한 생각마다 모두 반응해 주기 때문에 놓쳐 버리는 것이 생길 가능성이 작아진다. Kraus 등(2004)은 내담자가 상담자의 생각과 함께 자신의 글을 다시 읽는 것이 유용하다고 논했다. 상담자 글을 다시 읽으면서 내담자 자신의 '내면의 지혜를 담은 생각(reflection)'으로 삼을 수 있기 때문이다(p. 168). 대화 이메일에서 내담자는 자신의 글도 다시 읽게 된다. 각자의 발언은 서로 다른 색의 글꼴로 표시될 수도 있지만, 내담자의 이메일 프로그램이 기본 글꼴로 설정되어 있는 경우 표시된 대로 보이지 않을 수도 있다. 이 경우 다른 화자를 각각 다른 색으로 나타내기 위해 문서 편집기로 답변을 작성한 후 이메일의 첨부 파일로 보낼 수 있다. 전형적인 대화 이메일의 예시를 보면 다음과 같다(내담자의 글은 내담자가 사용한 글꼴을 그대로 쓰고 내용 전체에 인용 부호를 붙였다).

> "특히 우리가 논쟁할 때 보면 엄마와 서로 대하는 방식이 변화된 걸 느껴요. 인제 보니 엄마도 우리와 마찬가지로 장점과 단점을 가지고 있고 아마 제가 조금씩 그걸 물려받았을 거예요! 지난주에 어디로 여행을 갈지와 같이 간단한 문제로 또 언쟁이 있었습니다. 이전 같았다면 과거의 논쟁을 일일이 소환하고 '승자'가 되기 위해 끝까지 물고 늘어졌을 텐데, 이번에는 그러

지 않았습니다. 그냥 내버려 뒀어요. 엄마가 대화를 마무리했고 그것도 괜찮다고 느꼈습니다. 사실 저는 마치 엄마보다 제가 더 성숙하기 때문에 마무리로 얘기하는 걸 '허용'할 수 있는 것 같아서 더 기분 좋았어요. 다소 낯설기도 했지만 기분 좋았습니다."

이메일에서 이 부분을 읽으면서 너무 좋았습니다. 제 생각에 ○○ 님의 엄마는 의견 불일치가 있을 때마다 과거를 끌어들이지 않아서 안도감을 느꼈을 거예요 ⟨여기에서 웃음⟩***. '과거를 놓아주는 것'이 ○○ 님에게 효과를 보이기 시작했으며 이를 가능하게 한 것도 ○○ 님의 결정과 노력 때문임을 알 수 있습니다.***

* **진하게 + 기울임**: 상담자가 쓴 글임을 표시
⟨ ⟩ : 상담자 개인적 반응이면서 본문과는 구별하기 위해 사용
' ' : 내담자가 쓴 내용을 표시(상담자 글 안의 ' '는 강조의 표시)

이 스타일의 단점은 대화가 깊어짐에 따라 읽는 양이 많아지고, 상담 교신이 1회 이상 지속되면 오래된 문장과 새로운 문장을 구분하기 어려워진다는 점이다. 이런 방식으로 상담이 진행된다면, 더는 논할 필요가 없는 글의 삭제에 있어 상담자와 내담자가 공동 책임을 져야 관리가 쉬워질 것이다. 대화 일부가 이전 이메일에 속하는 경우, 두 발언(상담자와 내담자)에 다른 글꼴은 유지하되 '예전' 말(즉, 이전 이메일 교신에 포함된 말)을 따로 표시해 주는 것이 좋다. 다음 예시에서는 이전 내용과 새 내용의 구분을 위해 대괄호를 추가했으며, 상담자(GJ)의 말에는 이름 약자를 달아 기울임체로 표시

했다. 내담자의 가장 최근 글은 인용 부호 안에 넣었고, 역시 이름의 약자(DS)를 달았다.

> [DS: 어디서부터 시작해야 할지 정말 모르겠습니다. 결혼도, 아이들도, 어머니도 걱정입니다. 예전처럼, 생각하는 걸 멈춰 버린 것만 같아요. 마치 이 순간 제 삶이 속속들이 무너져 내리는 것 같고, 이를 막기 위해 무엇을 할 수 있을지 모르겠습니다. 혼돈을 벗어날 수 있는 도움을 주시기만을 바랍니다. 모든 게 뒤죽박죽이에요. GJ: *제가 당신의 글에서 느끼는 바로는, 당신이 여러 가지 걱정을 하고 있으며 무엇부터(?) 해결해 나가야 할지 모르고 있다는 것입니다. 답장을 쓸 때 일단 한 가지에만 집중하면 도움이 될지요? 당신이 스스로 예전과 똑같이 반응하고 있다고 느끼고 있다는 점도 깨달았는데,* **〈그녀가 또다시 자신을 돌볼 생각을 전혀 하지 않는 듯하지만, 이 가정에서 신체적으로, 그리고 정신적으로 건강을 잘 유지해야 하는 가장 중요한 이는 바로 그녀야〉***라는 생각이 듭니다. '서둘지 말고, 심호흡하고' 한 번에 하나씩 얘기해 나가자고 말씀드리고 싶어요.*]

> "DS: 지난번 이메일 이후로 많은 생각을 했습니다. 상담자님의 말씀대로 한 번에 하나씩 이야기하는 게 좋겠습니다. 그래서 제게 힘이 더 생길 때까지 가장 최근의 위기에 대해서는 한편에 미뤄 두기로 했습니다. 그러면 더 잘 대처할 수 있을 것 같아요. 한꺼번에 걱정해서는 되는 것이 없어요. 저는 정말 한 번에 한 가지씩 집중하고 싶어요." GJ: **〈내가 얼마나 큰 변화를 이뤄냈나〉***라는 생각을 소리 내어 말해 보세요. 지금 당장 위기에 처*

해 있기는 하지만, 이번에는 그 앞에 '얼어붙어' 버리진 않았어요. 당신은 이제 더욱 객관적으로 끝까지 생각해 보고 있어요. 〈이쯤 혼자 미소 지으며〉 ***이건 큰 진전이고 상황을 훨씬 다루기 쉬운 방식으로 보는 것이기도 합니다.***

*[ ] : 이전 이메일 교신의 내용을 [ ] 안에 표시
' ' : 내담자가 쓴 내용을 표시(상담자 글 안의 ' '는 강조의 표시)
진하게 + 기울임: 상담자가 쓴 글임을 표시
진하게: 상담자의 개인적 생각임을 표시
〈 〉: 상담자 개인적 반응이면서 본문과는 구별하기 위해 사용
DS : 내담자 이름의 이니셜
GJ : 상담자 이름의 이니셜

치료적 답변 구조화하기

이메일에 치료적으로 답변할 때 구조화 방식에 대한 아이디어를 가지고 있으면 도움이 된다. 우리 과정에 참여하는 학생들에 따르면, '탐색 → 이해 → 실행'의 Egan 상담 모델(1994)과 유사한 3부 구조를 이메일의 바탕 틀로 사용하면 보탬이 된다고 한다. 이론적 지향점에 따라 이 모델의 첫 두 단계만 사용하기도 한다.

1. **탐색**: 내담자의 이메일 내용에 대한 상담자의 이해. 괄호 친 물음표를 달아서 내담자가 느낄 법한 감정을 잠정적으로 제시하고 상담자 자신의 감정은 홑화살괄호 안에 넣어서 주제에 대해 간략히 요약한다. 내담자는 이 요약된 내용을 통해 자신이 쓴 내용에 대해 타당화받고 오해가 있다면 초반에 바로잡

을 기회도 얻게 된다.

2. 이해: 이메일에 쓴 내용뿐만 아니라 내담자가 직접 말로 표현하지 못하는 더 깊은 문제와 감정에 대한 상담자의 공감적 이해. 상담자는 이해를 통해 더 넓은 관점과 재구성의 기회도 제시할 수 있다. 이때 홑화살괄호 안에 물음표를 넣어서 잠정적인 의문 사항을 표하는 데 사용한다. 어떤 치료적 접근법을 사용하든, 이해를 통해 누군가 귀 기울여 주고 이해받는다 느끼게 해 줄 수 있고 오해가 있을 시 바로잡을 수 있다.
3. 실행: 여기에는 대개 치료를 어떻게 진행해 나갈 것인가 하는 방법에 대한 제안이 포함되며, 내담자가 생각해 보거나 과제로 완료해야 하는 과업이나 아이디어도 해당한다.

온라인상담자는 이러한 모델을 통해 이메일 내용을 작성하면서, 그 안에 내담자의 이메일에 대한 개인적인 반응도 해 줘야 한다. Murphy와 Mitchell(1998)은 이러한 반응을 홑화살괄호 안에 넣어 본문과 구분하도록 조언한다. 개인적 반응은 이러한 상담 유형에 있어서 핵심적인 요소이다. 개인적 반응을 통해, 상담자가 느끼는 감정 및 특정한 이해에 이르게 되기까지의 과정에 대해 내담자에게 알려 줄 수 있다. 일부 내담자는 반응 확인 후 이에 자신의 개인적 반응도 추가함으로써, 이해와 작업 동맹을 강화하고 심화시켜 나가기도 한다. 이러한 틀을 사용하여 내담자에게 해 주는 전형적인 반응의 예는 다음과 같다:

M 님, 안녕하세요?

M 님과 이메일상담을 시작하려고 합니다. M 님의 이메일을 읽

고 난 후, 화가 나고 속상했습니다〈*M 님도 그런 느낌이 들지 않았을까 짐작합니다(?)*〉. M 님의 이메일을 보고 이해한 바를 단 한 문장으로 요약할 수 있을 것 같아요(잘못 이해했다면 정정해 주세요). 'M님은 스스로가 소중하지 않다고 느끼고 있으며, 자신이 소중하게 느끼는 사람들에게는 오해받고 있다고 느끼고 있다.' 남편이 당신의 말을 무시했을 때 스스로 중요하지 않은 사람으로 무시당한다는 느낌을 받은 것 같았어요(*맞나요?*). M 님은 또한 자신이 상사에게 한 말을 그가 오해했고 바로잡으려고 했지만, 다시 무시당했다고 적었습니다. 지금 저는 중요하게 생각하는 사람들로부터 오해받고 무시당하는 것이 M 님에게 어떤 의미일지 궁금한 마음이 듭니다. 〈*생각을 소리 내서 말해 보세요. 다른 이들에게 이해받지 못하고 무시당한다면 외로움을 느낄 것입니다.*〉 제가 이번 주제에 대해 제대로 이해한 것이기를 바랍니다. 잘못된 부분이 있다면 얘기해 주세요. M 님의 이메일을 읽고 저도 화가 났고, M 님이 자신이 느끼는 바를 그들에게 얘기했으면 합니다. 하지만 당신은 그냥 '조용히' '신경 안 쓰는' 것처럼 행동했는데, 그냥 조용히 있지 않았더라면 어떤 말을 했을지 궁금합니다. M 님이 '신경 안 쓰는' 척할 때 자신의 감정을 무시해 버리는 것은 아닐지 염려되기에, 자기 내면의 생각을 들여다보는 게 도움 될 것 같다는 생각이 듭니다. 첫 메일에서 당신이 얘기한 자신감 부족과 불안전감도 이런 점들이 원인일 수 있습니다.

이 이메일이 도움이 되었으면 합니다. 준비되면 다시 좀 더 여러 이야기 해 주시기를 기다리고 있을게요.

따뜻한 안부를 전하며,

Gill Jones

* **진하게** : 상담자가 쓴 글임을 표시
〈*기울임*〉 : 상담자의 개인적 생각임을 표시
? : 추측이나 가설임을 표시
( ) : 상담자 개인적 반응이면서 본문과는 구별하기 위해 사용
' ' : 중요한 내용을 강조하기 위해 사용

내담자나 상담자가 상대에 대해 시각(문자 외에), 구두 또는 청각 정보 없이 이메일로 작업할 때는, 작업 동맹을 충분히 형성하고 상담 작업을 잘해 낼 수 있을 만큼 안전한 공간을 조성하는 게 중요하다. 우리는 로저스가 말한 진실성(솔직성), 공감적 이해 및 무조건적 긍정적 존중이라는 핵심 조건을 통해 이런 안전한 공간을 만들어 낼 수 있다고 믿는다. 온라인상담자들은 면대면 수련 과정에서 배웠던 이 기본 기술들이 작업동맹을 형성해 나가는 데 중요함을 알게 될 것이다. 면대면 내담자들과 차이점으로, 온라인 내담자들은 부정적인 감정을 느끼는 대상인 중요한 타인(significant other)이 주위에 있는 채로 자신의 컴퓨터를 통해 치료를 받고 있음을 알아 두는 것이 좋다.

온라인에서 논박하기

비난당한다거나 오해받는다고 느끼고 내담자가 떠나 버리는 일이 생기지 않도록, 온라인상에서의 치료적인 논박은 신중히 행해야 한다. 예를 들어, 관계에서 몇 차례 실패를 경험했으나 관계의 실패에 있어 자신이 기여한 바에 대해서는 통찰하지 못하는 내담자를 상정해 보자. 내담자에 대한 이해가 분명해졌다고 느낀 상담자는 논박을 위해, 그 이후에 대한 대비도 없이 다음과 같이 답 메

일을 쓸 수도 있다.

> 이처럼 실패한 관계에서 ○○ 님이 한 역할은 무엇이었을지 생각해 보았는지 궁금합니다.

면대면 장면에서라면 아마도 상담자가 미소를 지으며 같은 내용을 부드럽게 얘기할 수도 있겠으나, 글로 읽을 때 이 내용은 간단하고 퉁명스럽게 보인다. 이런 식으로 글을 남긴다면 내담자는 상담자로부터 오해와 판단을 당한다 느끼고, 상담 관계가 깨질 수 있다. 면대면 관계보다 온라인상담 관계에서는 도망쳐 버리는 게 더 쉽다. 논박에 대해 미리 내담자를 대비시키고 그와 관련된 감정에 관해 얘기해 볼 수 있도록 여유를 제공하는 것이 좀 더 생산적인 방식일 것이다.

> 지금까지 계속 제 머릿속을 맴도는 질문이 있는데 지금이 바로 그 질문을 할 때인 것 같습니다. 이 질문을 듣고 처음에는 분노할 수도 있겠지만, 분노라는 감정은 잘 탐색해 보면 도움이 될 만한 다른 감정들을 가로막아 버리기도 합니다. 질문은 다음과 같습니다. 이처럼 실패한 관계에서 당신이 한 역할은 무엇이었나 한 번이라도 생각해 본 경험이 있는지 궁금합니다. 다음 이메일에서 이 부분에 대해 좀 더 이야기해 주시면 좋겠습니다.

논박에 대해 내담자를 미리 대비시키고, 질문에 바로 답하기보다는 질문을 받고 어떤 느낌이 드는지를 우선 얘기해 보도록 하면 좀 더 성공적인 결과를 얻을 수 있을 것이다.

온라인 침묵에 대처하기

온라인으로 의사소통해 나가다가 정해 놓은 패턴이 깨지는 사유가 몇 가지 있다. 컴퓨터나 다른 기기 장애로 인해 정상적인 연락이 어려워지는 상황이 발생할 수 있으며, 온라인상담자 대부분은 이를 대비해서 사전 동의를 체결해 둔다. 대개 기술적인 문제가 발생했을 때는 상대방의 휴대폰에 문자 메시지를 남겨 이를 알리기로 동의해 둔다. 온라인 내담자가 이메일 침묵에 빠지는 또 다른 이유는 다음과 같다.

- 질병
- 직장에서의 변화
- 중요한 관계에서의 어려움
- 예상치 못한 생활 사건(예, 가족의 사망)
- 이제 충분히 상담을 받았고 배운 것을 실천해 보겠다고 판단하여 당분간 상담을 받지 않으려 함
- 치료가 가치 있거나 유용하지 않음
- 치료를 계속 받는 것이 너무 고통스러움

내담자로부터 이메일이나 정보가 도착하지 않았을 때, 예정에 없던 이메일[1]을 보내 상황을 확인하려는 상담자도 있을 것이다.

1) [역주] unsolicited email. 일반적으로는 정크메일이나 스팸메일 등 수신자의 동의 없이 일방적으로 전송되는 이메일을 말하며, 여기서는 내담자의 이메일에 답신으로서 전송된 이메일이 아닌 상담자 측에서 확인을 위해 일방적으로 보낸 이메일을 말한다.

또 어떤 상담자들은 내담자의 요청 없이 연락하는 행위가 자신의 이론적 입장에 위배된다고 생각할 수도 있고, 특정 윤리 강령하에서 그러한 연락은 내담자의 자율성을 침해하는 것으로 여겨지기도 한다.

내담자로부터 소식이 없을 때 온라인상담자가 먼저 연락을 취하려 한다면, 상담계약 단계에서부터 그와 같은 상황을 명시하고 내담자와 합의해야 한다. 예정에 없던 이메일은 내담자에게 답장을 쓰도록 압력을 가하거나 죄책감을 느끼게 만들지 않도록 신중하게 작성되어야 한다.

다음은 이처럼 예정에 없던 이메일을 작성하는 방법이다.

> J 님, 안녕하세요? 그간 잘 지내셨기를 바라며, 제가 3주 전에 보낸 이메일은 잘 받았는지 궁금합니다. 혹시 이메일이 분실되었을 경우를 대비해 제가 답장을 아직 받지 못했음을 알려 드리고자 이 글을 쓰게 되었어요. 미처 답장할 시간이 없었다면 어려워 마시고 서둘러 이 이메일에 답변해 주세요. 하지만 이미 답장을 했다면 제가 받지 못한 것이니 다시 보내 주시면 감사하겠습니다. 준비되었을 때 다시 함께할 수 있기를 기대하고 있겠습니다.
>
> 따뜻한 안부를 전하며,
>
> Gill Jones

적절한 시점에 적절하게 작성된 상담자의 알림 이메일은 치료관계를 심화시키고 더욱 유용한 작업을 진행할 수있도록 해 줄 것이다.

연습 활동

다음의 내담자에게 대화 이메일 방식으로 답장을 작성해 봅니다.

저는 현재 관계에 도움이 필요해서 연락했습니다. 지금 너무 불안하고 그 누구도, 특히 남자를 믿을 수 없다고 느끼고 있습니다.
지금의 파트너와는 1년을 사귀었고 그이를 사랑한다는 것을 압니다. 그이는 매우 친절하고 그이를 믿지 못할 이유는 없음을 마음속 깊이 알고는 있어요. 그런데 만일 그이가 다른 여자에게 미소라도 지으면 저는 전전긍긍하며 질투를 느낍니다. 그러면 제 말이 틀렸고 오로지 나만 사랑하고 있다고 해 주기를 기대하면서 어리석은 말을 퍼붓게 되지만, 그이는 화만 내고 제가 그를 정말로 사랑한다면 그런 식으로 말하지 않을 거라고 합니다. 그렇게 그이가 저를 비난하면서 말다툼은 점점 심해집니다.
저는 매번 사귀는 사람마다 질투가 심했고, 이제 이 문제를 꼭 해결하고 싶습니다. 이대로는 그이를 잃을 것 같아요. 그런 일이 일어나지 않았으면 좋겠어요. 다시 즐겁게 살고 싶어요. 저를 도와주시면 좋겠습니다.
D로부터

비동시적 온라인상담의 실제 측면

이전 장에서 언급한 대로 온라인상담에는 많은 장점이 있다. 비동시적 온라인상담의 가장 큰 장점 중 하나는 편리성이다. 내담자는 약속을 지키기 위해 따로 준비할 필요가 없다. 상담실까지 먼 거리를 이동해야 하거나 돌볼 사람이 있어 복잡한 조치가 필요한 사람들에게 적합하다. 의사소통에 문제가 있는 사람들에게도 제삼자의 개입 없이 도움을 줄 수 있다. 비동시적으로 상담한다는 것은 곧 내담자와 상담자가 각자 준비되었을 때 작업을 할 수 있다는 의미이며, 면대면상담과 달리 나눈 대화가 모두 컴퓨터에 저장되어 다시 읽을 수 있다는 의미이기도 하다. 내담자와 상담자 모두 즉각적인 의견 공유에 대한 압박감 없이 자기 생각을 정리해 볼 수 있는 시간을 가지면서 내용을 바꾸거나 조정할 수 있다. 이러한 점 때문에 심사숙고하여 답신을 작성하는 상담자에게는 도움이 되는 것이 사실이다. 하지만 내담자가 지나치게 교정하는 경우, 감정이 희석되거나 왜곡될 수 있다고 보아 다시 읽거나 교정하지 말고 처음 쓴 대로 이메일을 보내도록 내담자에게 권하는 상담자도 있다.

이메일을 보낸 후 내담자는 자신의 짐을 나눠서 졌다고 느끼고 상담사의 답신을 기다리게 된다. 이때의 답신은 면대면 회기에서 듣는 상담자 답변보다 더 무게감이 있고 이해하는 데도 시간이 소요될 수 있다. 하지만 한편 상담자의 말이 글로 쓰이기 때문에 내담자는 이메일로 돌아가 반복해서 읽는 것이 가능해진다. 만일 의미가 명확하지 않거나 내담자가 상담자가 이해한 바에 동의하지 않을 때는 이를 바로잡는 것 역시 가능하다. 각자 이해한 바를 바로잡아 줄 수 있다는 것 자체가, 작성된 글에서 오해가 발생할 수 있음을 인정(2장에서 논함)한다는 의미이고, 면대면 작업과는 차별적인 면이 있는 동료적 관계를 촉진해 준다.

비동시적 온라인상담에서는 실시간 회기나 인터넷 전화에서보다 신중을 기할 수 있다. 글 쓰는 시간을 선택할 수 있으므로 확실하게 방해받지 않을 수 있고, 약속시간을 어기면서 관심을 끌려는 경우도 생기지 않도록 할 수 있다.

이러한 방식의 상담에는 몇 가지 단점도 있다. (앞에서 언급했듯이) 글로 작성되었기에 오해할 여지가 있는 외에도, 비동시적이라는 점 자체가 주요 단점이 될 수 있다. 수신자가 즉시 답장을 받지 못하기 때문에, 자신이 보낸 이메일이 잘 도착했는지 며칠 동안 궁금해할 수도 있다. 이러한 불확실성을 해소하기 위해 일부 온라인 상담자들은 배송 확인을 위해 이메일에 '읽음 확인'(또는 '수신 확인')을 첨부할 것을 제안하지만 '읽음 확인'이 모든 이메일 프로그램에서 작동하는 것은 아니다. 일부 상담자들은 내담자 이메일을 수신할 때마다, 이메일을 받았다는 확인과 함께 언제쯤 답장받을 수 있는지를 알려 주는 대기 메시지를 보낸다.

내담자의 글 작성과 상담자 답신까지의 시간 간격이 존재한다는 점 또한 상담자는 내담자가 과거에 작성한 (불과 몇 분 전이라고 할지라도) 이메일에 응답하고 있음을 의미한다. 상담자의 답변을 읽을 즈음에 내담자가 여전히 같은 상황에 있을지는 알 수 없다. Fenichel(2007)은 "강렬한 느낌이나 우려의 표현과 이에 대해 응답하는 사이에 [어떤] 사건이나 생각이 끼어들 수 있으며, 치료자는 이런 점을 인식해야 하고 특히 시간 지연이 있을 때 더욱 유의해야 한다."고 하였다. 시간 경과를 다루는 방법 한 가지는 내담자의 감정을 언급할 때 과거 시제를 사용하여 지나간 시간 동안 변화가 있을 수 있음을 참작하는 것이다. 다음 예시를 참고하라.

> 지난 이메일에 멀리서 Y를 발견했을 때 들었던 매우 강렬한 생각과 감정에 대해 얘기해 주셨습니다. 지금은 그녀에 대해 어떤 느낌인지, 다시 그녀를 만나게 되면 같은 반응을 하게 되리라 생각하는지 궁금합니다.

비밀보장과 개인 정보 보호

비동시적 상담 시에 내담자가 이메일이나 메시지를 컴퓨터 화면에 열어 둔 채로 두지 않으려 조심한다 해도, 비밀보장에 문제가 생길 수 있다. 수신자의 이메일 프로그램이 수거해 갈 때까지 웹서버에 이메일이 대기하는 동안 누군가 가로챈다면 그 이메일을 읽는 것이 가능하다. 업무 공간 네트워크 또는 인트라넷의 경우, 사실상 로컬 서버에서 수거 대기 중인 모든 자료에 대해 IT 기술자가 접근할 수 있으므로 비밀보장에 문제가 발생할 소지가 있다. 내담자의 이메일함에 접근할 수 있는 사람—여기에는 비밀번호를 공유하는 사람(공용 이메일함을 사용하는 경우) 또는 내담자가 회사 컴퓨터를 사용하는 경우 고용주 등이 포함된다—도 모두 이메일을 읽는 것이 가능하다.

암호화 및 전자 서명

비밀보장 문제의 해결책 한 가지는 이메일과 메시지를 암호화하는 것이다. 미국 상담자 강령(부록 참조)에서는 모든 상담 이메일을 암호화하도록 권장하고 있으며, 상담자와 내담자가 각자 암호화 프로그램을 사용하면 더 효과적이다. 무료 버전의 소프트웨어를 제공하는 두 프로그램(hushmail과 safe-mail)은 이메일 문장을, 복호화[2]를 거쳐야만 이해할 수 있는 복잡한 코드로 변환한다. 이메일

2) [역주] decryption. 암호화와 반대되는 과정으로, 이해할 수 없는 암호문을 다시 평문으로 만드는 일련의 과정을 말한다.

은 암호화된 웹사이트에서 저장, 전송 및 수신될 수 있다. 암호화 프로그램의 버전(설정 시 약간의 컴퓨터 활용 능력이 필요함)에 따라, 이메일 프로그램 내에 암호화 소프트웨어가 내장되어 있어서 사용자는 한 장소에서만 자신의 이메일에 접근할 수 있다. 또 다른 보안 기능은 이메일에 전자 서명을 하는 것으로, 이메일이 실제로 발송자에 의해 전송되었으며 전송 중에 변경되지 않았음을 인증해 준다(대부분의 암호화 프로그램이 암호화와 동시에 전자 서명도 해준다). 상담자 특유의 글쓰기 스타일과 용어 선택만 보고도 내담자가 상담자의 이메일을 알아보리라고 생각해서, 전자 서명은 불필요하다 느끼는 온라인상담자도 있지만 상담계약을 시작할 때부터 전자 서명을 사용하는 것이 현명하다.

컴퓨터 개인 정보 보호

그러나 아무리 암호화를 거치거나 전자 서명을 한다 해도 전송과 수신을 거쳐 저장된(복호화된) 이메일을 완전히 보호할 수 있는 것은 아니다. 온라인상담자가 상담 이메일의 기밀 유지 방법을 내담자에게 알려 줘야 할 때도 있다. 그전에 우선 자신의 작업에 대한 기밀을 유지하고 컴퓨터를 안전하게 관리하는 방법을 알아 두어야 한다. 온라인내담자 작업 관련 이메일 사본과 메모를 어디에, 어떻게 보관할 것인가에 관하여 다음 질문들을 스스로 해 보아야 한다.

- 내담자 이메일이 귀하만 접근할 수 있는 컴퓨터에 보관되고 있습니까? 그렇지 않다면 온라인 내담자 작업의 이메일 사본과 메모를 어디에 어떻게 보관할 것입니까? (키 드라이브? CD?

플로피 디스크? 외장 드라이브?)

- 귀하의 컴퓨터는 시작 및 화면 보호기를 해제할 때마다 암호나 지문 확인을 해야 합니까? (귀하의 컴퓨터는 비밀보장이 필요한 작업을 수행해도 될 정도로 안전합니까?)
- 작업이 종료되었을 때, 온라인상담 사본과 메모를 언제까지, 어디에 저장할 것입니까? (상담 작업의 보관에 대해서는 11장에서 다룬다)

이러한 질문에 대해 답하지 못하겠다면, 내담자와 비밀보장이 필요한 작업을 시작하기 전에 미리 생각해 봐야 한다.

내담사 작업에 대한 상담자 자신의 보호 수준이 어떠한지 확인한 후에는, 온라인 내담자와 개인 정보 보호 수준에 대해 논의하고 내담자에게는 문제의 소지가 없는지 알아보아야 할 것이다. 특히 내담자가 집이나 직장에서 컴퓨터를 공유하는지 확인해야 한다. 컴퓨터를 공유하는 경우 가장 간단하고 저렴한 해결책은 핫메일이나 야후와 같은 원격 웹서버를 사용하여 새로운 이메일 주소를 만들고, 비밀번호를 비공개로 유지하도록 제안하는 것이다. 웹사이트에서 이메일을 읽고, 전송하고, 저장할 수 있으며, 호기심 많은 낯선 이들이 (웹사이트 방문기록 확인을 통해) 컴퓨터 기록 및 임시 인터넷 파일을 확인하고 메일함 내용을 확인하려 시도한다면 사용자 이름과 비밀번호를 입력하여 로그인하라는 메시지를 보게 될 것이다. 이때 생길 수 있는 한 가지 문제는 내담자의 '중요한 타인'이 잦은 핫메일이나 야후 사이트 방문에 대해 의심을 하는 것이다. 이 경우 내담자는 웹사이트 방문 때마다 남는 사이버 '발자취'를 삭제하는 방법을 알아 두어야 한다. 내담자에게 도움을 주려면 상담자도 삭제 방법(컴퓨터의 임시 인터넷 파일과 브라우저 방문기록 페이지의 메모리 캐시를 찾아서 삭제하는 방법)을 알고 있어야 한다.

휴대용 USB, 모바일 또는 키 드라이브 사용하기

이메일의 비밀을 보장하고 컴퓨터 방문기록을 '정리'하는 방법 한 가지는, 모든 컴퓨터의 USB 포트에 연결 가능한 휴대용 저장 드라이브(휴대용 키 드라이브, USB 드라이브 또는 모바일 드라이브 등으로 다양하게 칭함)를 사용하는 것이다. 내담자는 웹브라우저(예, 마이크로소프트 엣지, 구글 크롬)의 모바일 버전을 USB 드라이브에 다운로드하고 핫메일과 같은 이메일 계정을 오픈한다. 이메일을 가져오거나 읽으려 할 때는 USB 드라이브를 인터넷이 연결된 컴퓨터에 꽂고 모바일 웹 브라우저를 열어 핫메일과 같은 이메일 계정을 방문하면 된다. 이메일을 읽고 회신한 후, 완료되면 모든 것을 닫고 키 드라이브를 제거한다. 이렇게 하면 방문기록이나 임시 인터넷 파일에 사이버 '발자취'가 남지 않는다(모두 USB 드라이브에만 저장된다). 컴퓨터에는 USB 포트를 열고 닫은 기록만 남는다. 물론 내담자가 USB 드라이브를 안전한 장소에 보관할 필요가 있고(대부분은 키링에 장착함), 추가 보안 조치로 비밀번호를 걸어 두기도 한다.

결론

이 장에서는 비동시적 상담이 어떻게 이루어지는지와 이러한 유형의 상담에 있어서 장단점이 무엇인지 살펴보았다. 비동시적 온라인상담자를 위한 시간 및 개인 공간 관리에 대해 논의했으며, 치료 이메일이나 메시지의 배치 방법, 다양한 유형의 응답 방식, 그리고 온라인 침묵에 대처하고 관리하는 방법에 대해서도 보았다. 다음 장에서는 개별 채팅방에서 실시간 회기로 온라인상담 작업을 하는 방법에 대해 살펴볼 것이다.

비동시적 상담에 대한 제안

1. 작업 시작 전에 비밀보장/개인 정보 보호에 대한 내담자의 견해를 확인한다(필요한 경우 교육한다).
2. 내담자 이메일에 효율적으로 집중할 수 있는 시간을 마련한다.
3. 이메일의 시기, 침묵 관리, 메시지가 전송/수신되었음을 알리는 방법 등에 대해 상담계약을 맺는다.
4. 탐색, 이해, 실행과 같은 모델을 사용하여 응답을 구체화한다.
5. 답변에 오해가 있을 수 있음을 고려한다.
6. 〈 〉나 ( )을 사용하여 개인적인 반응(사고/감정)을 추가해서 관계를 심화시킨다.
7. 이메일이 짧으면 이에 합을 맞춘다(확인 안 된 읽기 문제가 있을 경우를 대비한다).
8. 관계의 구축과 시각/청각/구두 단서 부재의 보완을 위해 진실성(솔직성), 공감 및 무조건적 긍정적 존중의 핵심 조건을 보여 준다.
9. 체제를 갖추려면(예, 글머리 기호 목록, 글꼴 색상, 이미지, 사운드, 차트 및 양식) 이메일 첨부 파일로 보낸다.
10. 보내기 전에 내담자와 상담자 이메일을 다시 읽고 제대로 이해했는지 확인한다.

5장

실시간 채팅방 회기를 활용한 동시적 상담

앞 장에서는 주로 이메일을 통한 온라인상담에 중점을 두었다. 그러나 '채팅방'(예, 메신저 또는 상담자가 지정한 채팅방)을 이용한 '실시간' 회기로 이를 대체할 수도 있다. 온라인상담에서 특정 방식이 더 우수하거나 열등하다고 얘기하는 것은 아님을 이쯤 해서 다시 한번 강조하고자 한다. 어떤 방식을 택할 것인가, 또는 아예 두 방식을 조합하여 쓸 것인가를 결정할 때는 특정 상담자와 그의 내담자에게 가장 적합한 방식이 무엇일지를 고려해서 정하면 된다. 이 장에서 실시간 작업은 어떻게 이뤄지는가에 관해 소개하기 전에, 우선 다양한 상담 방법의 장단점에 대해 밝혀 볼 것이다. 치료 종료 시점의 평가와 함께, 실시간 회기에 대한 평가와 추수(follow-up) 이메일도 유용한 경우가 있으므로 이에 대해서도 논할 것이다.

인터넷 릴레이 채팅

만일 당신이 이미 친구들과의 실시간 대화에 익숙하다면, 이 부분을 건너뛰고 '인터넷 릴레이 채팅(Internet Relay Chat, 이하 IRC)을 이용한 상담'으로 바로 넘어가도 된다. IRC란 컴퓨터로 인터넷에 접속하여, 같은 시점에 온라인 상태인 다른 지점의 사람(혹은 여러 사람)과 화면상에서 실시간으로 '대화'하는 것을 말한다. 참여자가 하고 싶은 말을 입력하면 발신자와 수신자 양측의 화면에 입력한 내용이 보인다. 따라서 '채팅'은 얼굴 표정, 어조, 몸짓 언어는 빠진 상태에서, 빨리, 동시에 '이야기'할 수 있게 해 주는 온라인상담 매체이다. 정서표현을 돕는 이모티콘을 사용하여 이러한 '누락된 요소' 일부를 보완할 수 있으며, 이에 대해서는 이 장 뒷부분에서 이야기할 것이다. Kasket(2003)에 따르면, 내담자와 채팅을 할 때 사이버공간에서 함께 만나는 듯한 느낌이 든다는 상담자들도 있다. 이런 측면은 흔히 면대면치료에서 이야기하는 '상담실 안에서 경험하는 안전함'을 조성하는 데도 기여한다.

이러한 상담방식을 이용하기 위해서는, 당연히 상담자와 내담자 모두 인터넷에 접속하여 개별적이고 보안이 유지되는 채팅방에 입장해야 한다. 상담자는 자신의 웹사이트에 채팅방과 회의실을 개설하거나, 좀 더 다양한 이들이 쉽게 사용할 수 있도록 핫메일과 같은 메신저 서비스에 가입할 수도 있다. 메신저는 대부분 무료 이용이 가능하며 상담자와 내담자가 동시에 온라인 상태일 때면 언제든 개인 공간에서 상대와 '대화'할 수 있다. 즉, 한 명의 참가자가 다른 사람을 '방'에 초대해야만 입장할 수 있다. 누군가 실수로 이 대화에 끼어드는 것은 불가능하다. 서비스 자체에 비밀번호가 걸려 있기 때문에, 내담자와 작업한 내용을 다른 이가 읽는 것은 불가하다는 점을 확실히 할 수 있다. 컴퓨터를 공유하는 사람이 짐작하지 못할 비밀번호로 정하도록 내담자에게 말해 두는 것이 좋다.

연락처는 원하는 만큼 저장할 수 있으며, 연락처 목록에는 누가 온라인 상태인지 확인할 수 있는 표시가 뜬다. 온라인 상태인 사람은 누구나 '대화'를 할 수 있다. 상대방의 이름을 클릭한 다음, 나타난 메뉴에서 원하는 메시지 방식[예, 'IM(인스턴트 메시지) 보내기' 혹은 '이메일 보내기'] 중 하나를 클릭하여 연락을 취한다. 다음 상자에 6개의 연락처 이름이 나열되어 있다. Frank의 이름을 클릭하면, 이름 옆에 다양한 옵션이 나타난다. 그와 메신저로 연락하고 싶다면,

Frank	IM 보내기
	이메일 보내기
	전화하기
	비디오
	보기
	연락처 편집
	연락처 차단
	연락처 삭제
Gill	
Jo	
Lizzie	
Lucy	
Mike	

'IM 보내기'를 클릭하면 된다.

IM 기능을 클릭하면 당신의 메시지와 연락한 사람이 입력한 내용이 화면에 나타난다. 이에 대한 예시는 이후에 함께 볼 것이다.

메신저를 사용한다고 해서 내담자가 당신이 온라인 상태임을 확인하면, 언제든 말을 걸 수 있다는 의미는 아니다! 상담계약을 할 때 약속 시간에 대해서도 정해서, 그 외 시간에 대화를 나누는 것은 불가능하다는 점을 분명히 밝혀 두어야 한다. 일부 상담자는 자신들이 온라인 상태에서 내담자가 위기 상황일 때 한해 연락해도 좋다는 동의를 해 둔다. 이때 위기 시 연락에 있어 엄격한 경계를 유지하고 이를 남용하지 않도록 단속하는 것 역시 상담자의 몫이다.

그러나 메신저를 일상적으로 사용하는 경우 일련의 옵션을 사용하여 온라인 상태 표시를 바꿀 수 있다. 예를 들어, '오프라인으로 표시'를 사용하면 연락처 화면에 오프라인으로 표시되지만, 여전히 인터넷에 연결되어 있어서 이메일 읽기 및 보내기, 웹 검색하기와 같은 다른 일상적인 작업을 수행할 수 있다. 또 다른 상태 표시로는 '외출 중' '바쁨' 또는 '점심 외출' 등이 있다. 자신의 웹사이트에 개설된 회의실을 사용하는 경우, 사전에 예정된 약속이 없을 때는 회의실에 접속하지 않을 것이기에 이러한 예방 조치가 필요하지 않다.

전용 채팅/회의실과 비교했을 때 메신저와 같은 채팅방이 좋은 이유는, 채팅/회의실 대부분에는 타이핑 중임을 알리는 기능이 없기 때문이다. 메신저에서는 Anne이 타이핑을 할 때 'Anne이 메시지를 입력하고 있습니다'라는 메시지가 화면 하단에 표시된다.[1] 상

1) [역주] 또는 타이핑 중임을 '……' 등의 표시로 알려 주기도 한다.

대방이 글을 쓰고 있다는 것을 알게 되면, 상대의 말을 가로막고 '이야기'하는 행동도 방지할 수 있다. 내담자가 글을 쓰고 있다는 것을 안다면, 잠시의 중단이나 침묵을 참는 것도 더 수월할 것이다. 화면에 아무 단어가 나타나지 않더라도 그들이 매번 뭔가를 쓸 때마다 바로 알 수 있다. 마침내 화면에 드러난 것이 겨우 몇 마디 말에 불과하다면, 그들이 그 말을 하면서 얼마나 힘들었을지 짐작할 수 있는 것이다. 상황에 맞추어 다음과 같이 얘기해 줄 수 있다. '그 말을 제게 하기가 아주 어려웠던 것 같네요' 또는 '지금 당장은 뭐라 표현하면 좋을지 모르겠나 봅니다.'

내담자의 컴퓨터에서 이루어지고 있는 일이 이런 식으로 표시되지 않으면, 그들이 아직 그 앞에서 당신이 말하기를 기다리고 있는 것인지, 아니면 다른 설명이 가능한 것인지를 알 길이 없다. 그러한 경우 침묵을 깨는 것과 침묵을 유지하는 것 중, 무엇이 치료적 측면에서 옳은 결정일지 택해야 한다. 침묵 안에서 몸짓 언어를 통해 의미를 전달할 수 없을 때는, 내담자에게 처벌이나 거부하는 느낌을 주기보다는 위험을 감수하고라도 침묵을 깨는 것이 낫다.

수련 회기 중 여러 사람이 참여한 집단회의의 예시가 다음에 나와 있다. 집단 작업이 아닐 때는, 실제로는 당신과 내담자만 대화에 참여하게 된다. 이 장의 뒷부분에서는 대화 내용 중 참여자들을 신속히 구분할 수 있게 해 주는 방법에 대해 살펴볼 것이다.

Penny: 오후 2시 정각이 되었으니 시작해도 될까요?

Mary: 옙.

Hilary: 네.

Anne: 네.

Penny: 안녕, Hilary. 입장하는 데 성공해서 다행입니다.

IRC를 이용한 상담

이미 채팅방에 익숙하고 이런 방식으로 친구들과 이야기를 나눠 온 내담자도 있겠지만 새로운 경험일 내담자도 있을 수 있으므로, 동시적인 의사소통 방법을 사용할 수 있게 상담자가 도와줘야 하는 경우도 있다. 따라서 상담계약을 맺기 전에 상담자가 내담자의 사전 경험에 관해 확인하는 것이 중요하다. Anthony(2003)는, 이메일 커뮤니케이션을 통한 작업과는 또 다른 난관이 채팅방 작업에는 있을 수 있으며, 이는 내담자와 상담자 모두에게 마찬가지라고 강조한다.

채팅을 통한 작업에서는 내담자 개개인이 글을 쓸 때의 리듬을 염두에 두어야 한다. 그래야 내담자가 평상시 글을 쓰는 속도는 어떤지, 안정적인 침묵이나 멈춤과 그렇지 않은 것은 언제인지, 평소 글은 어떤 식으로 작성하는지(예를 들어, 격식을 차리는지 또는 차리지 않는지)를 판단할 수 있다. 이러한 점에 유의하면 기분의 변화, 말을 더 하거나 덜 하고 싶어 하는 마음, 어려운 문제로 고심 중인 것 등을 반영하는 차이를 알아차리는 데 도움이 된다. 이는 대면 작업 시에 말투나 음색의 변화에 주목해야 하는 것과 마찬가지이다.

또한 글을 통해 의사소통하는 데 있어 편안하면서 상당히 능통해야만 한다. 답장을 간결하게 작성할 수 있는 능력도 도움이 된다. 자신이 구두로 하는 대화에서 달변가에 해당한다면, 의미나 공감은 그대로 남기면서 온라인으로 간결하게 전달하는 연습이 필요할 수 있다. 내담자가 실시간 대화를 할 수 있을 정도의 의사소통 기술을 구비하고 있는지, 아니면 또 다른 압박감을 주는 것은 아닌지를 알아볼 필요가 있을 때도 있다.

어떤 면에서 상담자는 이메일상담을 할 때보다 더 세심한 주의를 기울여야 한다. 내담자가 글을 쓰다가, 특히 한 번에 여러 문장을 쓸 때 잠시 중단할 수 있다. 내담자가 응답하는 동안 '귀 기울이지 않고' 다른 생각을 하기 쉬운데, 이는 말하는 내용을 온전히 받아들이고 있지 않다는 의미일 수 있다. 마찬가지로, 내담자도 맞은편에서 똑같이 행동할 수 있고 주변의 뭔가에 의해 주의가 분산될 수 있음에 대해서도 주의해야 한다.

이메일상담과 달리 채팅을 통한 상담에서는 작성한 내용에 대해 곱씹어 볼 수 있는 시간 없이 상담자는 거의 즉시 반응할 수 있어야 하지만, 내담자의 글을 읽는 동안의 시간이 주어지므로 면대면 작업과 비교하면 시간을 좀 더 쓸 수 있다. 메시지를 짧게 연속해서 끊어 '보내는' 경우 특히 그러하다.

내담자: 전 어머니와의 관계에 대해 다시 생각해 보고 있습니다...

내담자: 그래서 오늘은 여기에 대해 좀 이야기해 보려 합니다...

내담자: 엄마는 제가 이제 서른 살이고 독립적인 삶을 살고 있음을 받아들이지 못하시는 것 같아요. 아마도 아버지가 돌아가신 후 집에서 지냈고, 옆 동네에 있는 대학교에 다니느라고 집에서 살았기 때문인 것 같아요...

내담자: 엄마는 여전히 저를 어른이 아닌 아이로 대합니다. 제가 몇 달 전에 이사해 나온 이후로 제 삶에 엄청 간섭하시고, 계속 그러겠다고 고집 피우세요...

내담자: **나쁜 뜻은 아니신 걸 알고 있지만 듣고 있기가 좀 힘듭니다.**

이 가상의 대화록에서 내담자는 짧은 메시지를 입력할 때마다 '보내기'를 눌러서 그녀가 하는 말은 그때그때 상담자 화면에 뜬다. 말로 할 때와 달리, 글로는 입력해서 보내기까지 시간이 소요되기 때문에 면대면상담에 비해 상담자가 생각해 볼 수 있는 여유가 생긴다.

동시적 의사소통 방식을 이용하는 상담은 장·단기 내담자 모두에게 적합하다. 면대면 작업과 달리, 노트북과 인터넷 연결만 확보되면 집을 떠나 있을 때도 작업을 지속할 수 있다. 그러나 비밀보장이 어렵고, 공공장소에서 작업하면 내담자에 대한 존중이 부족해 보일 수 있으므로, 동시적 상담을 할 때 인터넷 카페를 이용해서는 안 된다.

마지막으로 메신저를 사용하는 경우, 이름 옆에 사진이 보이도록 선택할 수 있는데, 상대에게 '말할' 때마다 사진이 화면 옆에 뜬다. 다른 사람의 연락처 목록에서 당신의 이름 옆에 메시지가 표시되도록 할 수도 있다. 내담자, 친구, 그리고 가족과 연락하는 데 메신저를 이용하는 경우, 사진이나 그림 혹은 상태 메시지에 대해 신중하게 생각해 보아야 한다. 자녀나 고양이와 함께 찍은 사진이 내담자의 화면에 표시되기를 원하는가? 아니면 이름 옆에 'Away with the fairies'[2](어린 조카라면 좋아할 법한)라는 메시지가 뜬다면? 친구와 가족에게는 문제 되지 않는 메시지이지만, 내담자를 대상

2) [역주] '정상이 아닌' '공상 세계에 빠져 있는' 등의 의미

으로는 적절치 않다. 당연한 얘기를 한다고 생각되겠지만, 온라인 상에서 사람들과 오랜 기간 연락해 왔다면 동시적 상담 회기를 설정할 때 이를 미처 생각하지 못할 수도 있다.[3)]

동시적 상담의 장점

동시적 상담의 장점 중 하나는 이메일상담에 비해 상담자와 내담자가 작업 계획을 짜기 더 쉽다는 것이다. 시간을 함께 정해서 일정표에 기록하기만 하면 된다. 상담계약 시 정할 수도 있고(예, '영국시간으로 매주 목요일 오전 9시부터 10시 사이에 만나기로 한다.') 또는 내담자의 일정에 따라 각 실시간 회기가 끝날 즈음에 다음 회기 시간을 정할 수도 있다. 회기 때마다 정하는 방식은, 직장 일이나 가사와 관련된 스케줄이 고정되어 있지 않아서, 여러 회기 전에 한 번에 시간을 확정하기 어려울 때 유용하다. 이는 대면 작업과 매우 유사한데, 항상 정해진 시간의 정규 회기를 지켜 상담하려 하는 상담자가 있는가 하면, 그와 반대로 약속된 기간 범위 내에서 융통성을 발휘하여 정하는 방식을 선호하는 상담자도 있다. 내담자에게 어떠한 선택권을 줄 것인지 역시 상담자의 이론적 입장에 따라 달라진다고 할 수 있다(9장 참조).

자신의 지역에서 상담자를 찾지 못하거나 집을 떠나기 어려운 사람들 같은 경우, 면대면상담을 선호하는 내담자라 해도 차선책으로 온라인상담을 받을 수 있다. 이런 경우 실시간 작업을 하면 상

3) [역주] 따라서 메신저용으로 상담자 아이디를 따로 만드는 것을 추천한다.

담자와 '만남'을 갖는 느낌을 좀 더 가질 수 있다. 실제로 그것이 가능하건 아니건 간에 일부 내담자는, 매체를 통해 상담자와 좀 더 친밀해졌다고 느끼고 강한 존재감을 느끼며 '진정한' 관계를 맺을 수도 있겠다고 생각한다. 상담자 또한 같은 시각을 가질 수 있는데, 이런 시각이 이득으로 작용할지, 또는 불리한 작용을 할지 역시 상담 모델이 무엇인가에 따라 달라질 것이다.

이메일상담에서는 지우거나 다듬었을 법한 내용을 실시간 상담 회기에서는 그대로 쓰기 때문에 글이 더욱 자연스러워질 수 있다. 이는 정말로 어떤 일이 벌어지고 있는가에 대해 상담자가 더 깊이 통찰하는 데도 도움이 된다. 또한 그 즉시 내담자가 한 말의 의미를 명료화하거나 오해를 해소하는 것이 가능하므로, 얘기가 전개되면서 모호함이나 오해가 더욱 깊어지는 것을 미리 방지할 수 있다.

Marty: 우리가 이제 아이를 갖지 않겠다고 결정해서 기쁩니다. 앞으로의 제 진로 계획에 대해서도 정리해 보고 싶어요.

Anne: **Marty, 당신의 진로 계획에 대해 살펴보기 전에 우선 당신의 결정에 대해 좀 확인해 봐도 될까요?**

Marty: 물론이죠.

Anne: **저는 당신이 아이를 갖지 않기로 한 것에 기쁜 것인지 아니면 결정을 내린 것에 기쁜 것인지 잘 모르겠어요. 결정하기까지 망설이며 어려워했던 것을 알고 있어서 어떤 의미인지 확인하고 싶었어요. 이런 질문을 해도 괜찮았으면 좋겠어요.**

어떤 의미인지 확신이 가지 않을 때는 이런 사정을 전달은 하되,

내담자가 '잘못했다'고 느끼거나 명확히 말하지 못했나 싶어 창피해하지 않도록 표현해야 한다. 한편, 실시간으로 말하거나 글을 쓸 때 우리는 전달하고자 하는 바를 항상 명확하게 말하지는 않는다. 따라서 상담자는 단순히 있는 그대로 표현되었고 가공되지 않은 것이 분명하다는 이유만으로 그것이 곧 '진실'이라 받아들이지는 않도록 주의해야 한다.

면대면상담(녹화되지 않는다면)과 비교할 때 실시간 상담은 이메일상담과 마찬가지로 대화의 기록이 남는다는 장점이 있다. 최신 버전의 메신저에서는 자동으로 대화가 저장되므로 해당 연락처와 나눈 모든 대화의 '이력'이 남으며, 이러한 기능이 없는 회의실을 사용하는 경우 수동으로 저장할 수 있다.[4] 저장을 위해서는 워드 문서를 열고 글을 전체 선택한 후, 이를 문서에 복사 및 붙여넣기 하면 된다. 후자의 경우에는 자동으로 저장이 되지 않기 때문에, 회기 중에 주기적으로 저장하는 것이 좋다. 이렇게 하면 인터넷 연결이 끊길 경우에도 글이 사라지지 않는다. 그러나 회기 중에 이런 문서 작업을 하는 것이 방해된다고 느낀다면, 작업 없이 진행하되, 기술적인 문제가 생기지 않기만을 바라야 할 것이다.

회기 내용을 저장한다면 이를 내담자에게 알리고 대화록 사본을 내담자에게도 보내는 것이 윤리적으로 타당하다. 내담자 메신저에 자동 저장될 때도 저장된다는 사실을 상기시켜 줘야 한다. 내담자가 내용을 다시 살펴볼 수 있도록 하고, 개인 정보 보호와 비밀보장의 필요성에 대해 다시 한번 생각해 볼 수 있게 하기 위함이다.

4) [역주] 최근 기술의 발전으로 컴퓨터에서 메신저를 사용할 뿐만 아니라 모바일 메신저를 사용하는 경우도 많은데, 이 경우에도 모든 대화가 자동으로 저장된다.

대화록이 저장되어 있으면 양측 모두 자신이 원할 때 회기로 돌아가서 생각해 볼 수 있으며, 상담자로서는 슈퍼비전을 받을 때 큰 도움이 될 것이다. 한편, 대화록의 일부만 본 슈퍼바이저는 회기 분위기에 대해 통찰하는 것이 어려울 수 있다. 흥분했는지 또는 두려움을 느끼는지를 오고 간 글 내용만으로 상담자가 알 수 있다고 보는 것이 이상할 것이다. 그러나 이런 방식의 작업에 익숙해진 상담자 대부분은 대화 중의 분위기 변화를 정확히 짚어 낼 수 있다. 예를 들어, 대화 속도의 차이를 기반으로 이를 파악할 수도 있을 것이다. 당연히 슈퍼바이저는 이런 차이를 통한 통찰이 어렵다.

동시적 상담의 단점

비동시적 상담의 주요 장점 중 하나가 내담자가 약속을 지키기 위해 따로 일정을 잡을 필요가 없는 편리함이라고 4장에서 말했다. 하지만 동시적 작업에서는 당연히 그 반대이다. 이는 선호도의 문제이거나, 또는 생활방식 및 구조의 차이를 반영한다고 할 수 있다. 내담자 편에서 온라인으로 '대화'할 1시간 정도의 시간을 내는 일정을 잡는 것은 어렵거나, 상담자의 글에 대해 시간을 두고 생각해 보기를 원할 수도 있다.

또 다른 단점은 비밀보장 및 개인 정보 보호가 충분치 않다는 것인데, 다음에서 더 자세히 다룰 예정이다. 내담자가 미리 조심한다 해도 방해받을 수 있으며, 공유하고 있는 컴퓨터나 직장의 컴퓨터에는 타인이 접근할 수 있고, 컴퓨터의 자료를 누가 보는가에 따라 문제가 생길 수도 있다. 예를 들어, 일반적인 상황에서라면 내담자는 배우자가 있을 때 친구와 '채팅'을 하거나 공유 컴퓨터에 동일 비밀번호로 로그인하게 되고, 그러면 서로의 온라인 대화 기록에 자유롭게 접근할 수 있게 된다. 그러나 상담자와 대화할 때는 상대가 한 방에 있거나 나중에 이 대화를 읽는 것을 원치 않을 수 있다.

내담자와 상담자의 타자 실력 및 속도도 문제가 될 수 있다. 둘 중 한 명이 타자가 아주 느리면, 대화가 늘어지고 흐름이 잘 이어지지 않을 것이다. 초반에는 두 사람 모두 정확하게 입력했는지에 주로 신경 쓰면서, 전달하려는 의미보다는 철자와 문법에 집중할 수 있다. 동시적 작업의 초반에는 흔히 이런 현상이 발생하지만, 곧 해소될 것이다. 상담자가 내담자와 실시간으로 작업하는 데 익숙해지면서 긴장이 풀어지게 되고, 이에 따라 내담자의 긴장도 풀리는 것으로 생각된다. 이는 막 훈련을 마친 상담자와 경험은 있되 새로운 내담자를 만나는 상담자들이 면대면상담 초반에 신중히 단어 선택을 하다가, 관계가 견고해지면서 안정감과 편안함을 느끼게 되는 것과 마찬가지 이치일 것이다.

전에 언급한 바 있듯이 이메일 연락을 통한 상담에서는 상담자와 내담자 모두 답신을 보내기 전에 시간을 두고 생각해 보는 것이 가능하다. 대체로 동시적 치료에서 생각해 볼 시간이 없다는 점은 단점이 되기 쉽다. 하지만 그 반대가 될 수도 있다. Kasket(2003)의 연구 프로젝트 참여자 중 한 사람은 생각할 수 있는 시간이 너무 풍족할 때 오히려 곁길로 벗어나기 쉽다는 평을 했다고 한다. 내담자의 이메일을 과도하게 분석하면 의사소통의 본질에서 벗어나거나, 상담자가 내담자와 함께하는 데에 몰입하기보다 내담자를 위해 무엇을 '할' 것인가에 집중할 위험이 있다.

내담자와 동시적 상담하기

이메일로 작업할 때와 마찬가지로 실시간 상담 시작 전에 상담자는 상담계약에 큰 관심을 가져야 한다. 동시적 상담에서 개인 정보 보호와 비밀보장을 최대한 확실히 하기 위해서는 상담계약에 몇 가지 사항을 추가할 수 있다. 이에 관해 소개할 때 그 내용을 상세히 설명하고자 할 수 있다. 예를 들어, Munro(2007)는 개별 채팅방에서 상담할 수 있으며, 또한 내담자가 원하는 경우 암호화된 채팅방 이용도 가능하다고 명시해 두었다. 후자의 경우 회기 사본이 생성되지 않는다는 점도 분명히 밝혀 두었다.

Sampson 등(1997)은 내담자의 자기 개방과 비밀보장을 위해서는 청각적이고 물리적인 측면 모두에서 반드시 개인 정보가 보호되어야 한다고 언급하는 동시에, 상담자들은 회기 중의 내담자 행동에 대해 꼭 모니터하면서 개인 정보 보호가 침해되고 있다고 생각될 때 꼭 그 상황을 수습할 수 있는 조처를 해야 한다고 했다. 예를 들어, 상황을 점검하다가 필요한 경우 회기를 끝내고 새로운 약속을 정하자고 하여 상황을 수습할 수 있다.

상담자는 또한 '네티켓(netiquette)'을 숙지해야 하는데, 이는 허용되는 범위를 지켜 의사소통하기 위해 따라야 하는 비공식적인 규칙과 언어를 일컫는 일상 용어이다. 점점 더 많은 사람이 전화와 온라인상 문자 메시지를 사용하게 되면서 이러한 '규칙' 중 일부는 예의를 갖춘 대화 범위의 경계에 다다르고 있다. 따라서 상담자는 내담자와 대화할 때 경계를 넘지 않도록 주의해야 하며, 내담자의 언행에 관계없이 문제의 여지가 있는 언행은 피해야 한다.

기억해야 할 몇 가지 기본 네티켓

- 면대면 내담자에게 적용하는 것과 동일한 기준을 유지하십시오.
- 대문자는 큰 소리로 강하게 얘기한다는 의미입니다.
- 답변이 오탈자 투성이인 경우, 당신이 내담자에게 관심을 기울이지 않는 것처럼 보일 수 있습니다.
- 시간 경계를 준수하여, 내담자의 시간이 낭비되지 않도록 합니다.
- 내담자가 이모티콘 사용을 좋아하는지 싫어하는지를 확인합니다.
- 약어를 사용하는 경우, 내담자가 이를 이해하고 있는지 확인합니다.
- 약어를 이해하지 못했을 때는 이해한 척하지 마십시오.
- 사용 중인 글꼴과 글자색상에 대해 생각해 보십시오. 내담자에게 어떤 인상을 줄 것 같습니까?

이 목록에서 이모티콘과 약어가 언급되었다. 다음의 설명을 참고하면 된다.

이모티콘은 감정을 나타내는 문장 부호의 배열이거나 서비스 패키지로 IM 프로그램에서 제공하는 작은 그림들이다. 타이핑한 구절이나 문장의 어조를 암시하기도 하고, 또는 앞선 말에 대해 반응할 때 사용한다.

가장 널리 통용되는 문장 부호는 다음과 같다.

:–D 웃음
;) 윙크
:–O 놀람
:(슬픔

:) 미소

8-} 걱정으로 찌푸림

>:(화남

:-/ 언짢음

:'-(울음

일부 이모티콘은 키 조합으로 생성되는데, 예를 들어 :와)를 입력하면 ☺가 나타나고, :와 (를 키보드에 입력하면 ☹가 나타나는 식이다. 그러나 대개는 메신저에서 제공하는 것들을 바로 사용할 수 있다. 몇 가지 이모티콘의 예시는 다음과 같다.

화면에서 움직이는 이모티콘도 있다. 예를 들어, 화면에서 통통 튀는, 춤추는 Lol!이 있다. 내담자에 대해 잘 알게 되기까지는 이모티콘 사용에 주의해야 한다. 당신에게는 귀엽고 재미있을지 몰라도 내담자에게는 너무 경박해 보이거나, 치료 회기의 대화가 아닌 친구와의 잡담처럼 되어 버릴 가능성이 있기 때문이다.

또 다른 주의사항은 다음과 같다. 새로운 이모티콘을 복사하여 메신저의 저장 공간에 저장하면(메신저 프로그램 사용 설명을 참고하라), 그 이모티콘 자체의 생명력을 갖게 된다. 예를 들어, 대화 중에 누군가가 사용한 고양이 사진 이모티콘이 예뻐 보여서 복사 후 저장했다고 하자. 이후에는 온라인 대화에서 c a t라는 알파벳이 순서대로 포함된 단어(예, communication, catering, altercation)를 쓸 때마다, 단어의 세 글자를 자동으로 대체해서 고양이 사진이 나타날 것이다!

내담자가 이모티콘에 대해 불편해하지 않고 스스로 사용도 한다면 이모티콘 활용은 큰 도움이 된다. 이들을 통해 공감을 나타내거나 간결하게 감정 표현하는 것이 가능하다. 사용가치가 있을지 판단하기 어려울 때는 내담자에게 물어보고 그들의 반응에 따르면 된다.

약어도 모든 단어를 일일이 타이핑해야 하는 필요성을 줄여 준다. 약어 역시 이모티콘과 마찬가지로 과도하게 사용하면 상담과정을 방해하고 친구와 나누는 문자처럼 되어 버려서 혼란이 생길 수 있다. 예를 들어, IYSWIM(If you see what I mean; 내 말이 무슨 뜻인지 안다면)이 무슨 뜻인지 이해하는 데 많은 시간이 걸릴 수도 있다. 뭔가 알고 있는 이로부터 모르는 자로 소외당하는 느낌을 받으면, 진행 중인 상담에 있어 주의가 흐트러지고 거리감을 느낄 것이다. 물론 물어볼 수 있을 만한 센스와 용기를 갖췄다면 알아내는 것이 불가능한 것은 아니다. 하지만 상담자의 말이 무슨 뜻인지 모르겠다고 말하기 어려워하는 내담자도 있다. 한편, 내담자가 문자 보내기를 자주 하는 사람이라면 당신이 이해하지 못하는 약어를 많이 사용할 수 있고, 이것이 치료에 방해될 정도라면 적당한 시점에 이야기해 봐야 한다.

흔히 사용되는 약어는 다음과 같다.

LOL	크게 웃다(laugh out loud), 혹은 농담하다
BTW	그런데(by the way)
IOW	다시 말해서(in other words)
BRB	곧 돌아올게(be right back)
AFAIK	내가 아는 한(as far as I know)
EOM	메시지 끝(end of message)
HTH	도움이 되길 바라(hope this helps)
IMS	미안해(I'm sorry)
Thx	고마워(thanks)
RU for	'are you' 예) RUOK = are you OK
Pls	제발(please)
URW	천만에(you are welcome)

영어가 모국어가 아닌 내담자와 작업할 때는 약어가 다르게 사용될 수 있다는 점에 유의해야 한다. 예를 들어, 프랑스인이 쓸 때 TOK는 '괜찮으세요?(t'es OK?)'이고 mrc는 '감사합니다(merci)'이다.[5)]

다음의 예시는 온라인 치료 대화가 어떻게 진행되는지를 보여준다. 검은색으로 표시되어 있지만 이후 색상 사용에 대해 더 자세히 설명할 것이다.

5) [역주] 국내에서는 감사를 ㄱㅅ으로, 오케이는 ㅇㅋ, 하하 웃는 것은 ㅎㅎ 등으로 표현한다.

Mona: 지난 회기에 말씀드렸듯이 곧 회사 내에서 승진이 있을 예정입니다. 저를 따라다니는 일련의 끊임없는 사건들로 인해 마음을 안정시키지 못하겠고, 대처할 수 없는 느낌이에요.

Anne: **일련의 사건들에 대해 좀 더 얘기해 주시겠어요?**

Mona: 왜 이런 일이 일어나는지 이해가 안 돼요. 이제 전 거의 고립된 채 대부분의 시간을 혼자 보내고 있습니다.

Mona: 잠을 이루지 못하고 식욕도 없어졌어요. 전 아무도 믿지 않아요.

Mona: 엉망진창이죠? LOL(ㅋㅋㅋ)

Anne: **그러니까 승진과 과거에 일어난 일(일련의 사건)들에 대해 걱정하고 있군요.**

Anne: **스스로를 고립시키고, 당신의 건강한 삶에 영향을 미치고, 아무도 믿을 수 없다는 느낌...**

Anne: **제가 제대로 이해한 게 맞나요?**

Mona: 정확해요. 그리고 이런 상황 속에서 숨이 막힐 것 같고 이 상황을 어디서부터 바꿔 나갈 수 있을지 모르겠어요. 완전히 압도당해 버릴 것 같은 기분입니다.

Anne: **여기에서 말한 내용을 생각해 보니...**

Anne: **인생을 덜 엉망진창처럼 보이게 하고 덜 숨 막히게 해 주는 일 한 가지가 지금 일어난다면, 그것은 무엇일까요?**

Mona: 앗, 모르겠어요. 생각 좀 해 볼게요. (타이핑 중이라는 표시 없이 긴 멈춤)

Mona: 기다리게 해서 미안합니다(Sorry about the paws). 친구들을 더 많이 만나봐야겠다고 생각했어요. 그러면 고립감이 덜해질 것이고, 승진에 대한 고민을 좀 떨쳐내고 숨통이 트일 것 같아요. 저녁과 주말의 활동도 좀 더 늘리면 잠은 잘 잘 수 있겠지만 부담될 것 같아요.

Anne: **(당신이 괜찮은지 확인해 보아야 할지 고민했지만, 생각 중인 것을 방해하고 싶지 않았어요.) 어떨 것 같은가요 만약...**

Mona: 오, 방금 쓰신 글을 보고 친구들도 마찬가지 상황이 아닐까 생각했어요. 제게 방해되지 않을까 하는 거죠. 전만큼 전화가 자주 오지 않거든요. 제가 그들을 밀어낸 것 같아요. 그러면서도 친구들이 먼저 말을 걸어주고 여전히 그곳에 있음을 알려 주면 좋겠어요.

Anne: **그러면 침묵에 놓여 있었을 때 당신이 괜찮은지 확인했더라면 더 좋았을 것이라는 말이네요.**

Mona: 네! 에고, 제가 좀 무례했네요!

Anne: LOL! **전 괜찮아요. 얘기해 주시지 않으면 제가 알 수 없고, 혼자라는 느낌을 덜려면 어떻게 해야 할지를 알아내는 데도 도움이 될 거예요.**

이는 순전히 가상의 시나리오지만, 동시적 상담에 있어서 주요 포인트 몇 가지를 강조하는 데 참고할 수 있다. 내담자와 상담자가 다른 글꼴과 글자 크기를 쓰고 있는 것을 볼 수 있다. 이렇게 하면 화면에서 말하는 사람을 구별하는 데 도움이 된다. 때로 다른 색상을 사용하는 것도 도움이 된다. 상담자가 특정 내담자와의 회기에서 항상 동일한 스타일, 크기, 색상을 사용하면 내담자가 연속성을 느낄 수 있고, 상담자에게 뭔가 변화가 있는 것이 아닌지 '무의식중에' 궁금해하지 않도록 한다는 점에서 치료적 의미가 있다. 내담자 측에서 이러한 사항을 변경하는 것 역시 의미 있는 것일 수 있다. 예를 들어, 평소에는 초록색을 사용하다가 갑자기 빨간색을 사용한다면, 분노가 표면화되고 있다는 의미라 할 수 있을까? 그러나 내담자가 화면의 글자 모양을 재미 삼아 실험해 보고 있는 것일 수도 있으므로 성급히 결론 내리지 않는 것이 좋다.

여기에서 상담자는 Mona가 먼저 쓰기 전까지 이모티콘을 사용하지 않았지만, Mona가 무례하게 보였을까 봐 장난스럽게 '에고'라고 하며 웃는 것 같았기에 과감하게 약어 LOL!를 써 보았다.

상담자는 처음에 일련의 사건들에 대해 질문했다가, Mona가 답변하지 않자 요약을 통해 현재 주요 관심사를 파악하고자 했다. "제가 제대로 이해한 게 맞나요?"에 주목하라. 요약에 있어서 이런 질문은, 필요한 경우 상담자가 잘못 이해한 부분을 내담자가 수정해 줄 수 있게 해 주고 대면상담에서와 마찬가지로 취조하는 어투를 대체하기도 한다.

압도당하는 듯한 느낌이 강하게 전해졌기 때문에, 상담자는 도움 될 만한 한 가지 일이 무엇일지 물어보면서 실마리를 풀어 가고자 했다. 그 결과, Mona는 아무런 반응도 타이핑하지 않고 긴 침묵에 빠졌다. 이때 침묵을 깨서 내담자를 구출해 주겠답시고 '아이고, 제가 괜한 질문을 했나요?'라고 말하는 것에서부터 내담자가 그냥 상담 회기를 떠나 버렸나 하는 공포 반응에 이르기까지, 상담자에게는 다양한 반응이 일어날 수 있다.

이 경우 Mona가 생각해 보겠다고 말했기 때문에, 상담자는 침묵을 유지하고 과정을 믿고 지켜보겠다 결심한다. 그 결과, Mona는 도움이 될 만한 일들을 구체적으로 떠올렸고, 상담자는 이에 반응하며 괄호를 써서 침묵에 대해 확신이 들지 않았음을 표현했다. 괄호는 상담자가 자기 개방을 하는 하나의 형태로 사용될 수도 있고, 필요하다면 내담자가 무시해도 상관없다는 것을 직관적으로 보여 주는 데 사용되기도 한다.

사실 이에 Mona가 답해 왔고 상담자는 자신이 적어 가던 문장을 마무리하지 않은 채, 입력창에서 지워 버리지 않은 대신 보내지는 않으면서, Mona의 얘기를 따라가겠다고 결정했다. 그 시점에서 상호작용의 분위기가 변화된 것이 보였을 것이다. Mona는 좀 더 관여하게 된 듯 보였다. '오타'가 더 많아졌는데 이는 그녀가 더 빨리, 덜 격식을 차려 얘기하려 하고 있음을 의미한다. 첫 번째 '오타'는 'pause(일시 정지)'를 'paws(발바닥)'라는 단어로 쓴 것이었다. 이는 단순한 입력 오류일 수도 있고 아니면 다른 뭔가가 있는 것일 수도 있다. 'paws'라는 단어는 Mona에게 어떤 의미일까? 그녀가 키우는 반려동물이 그 순간 다가온 것일까? 만일 이 단계에서 이에 대해 질문했다면, 상담자는 내담자가 원하는 바가 아니라 자신의 계획만을 따라가는 것이 되었을 것이다. 하지만 회기가 끝난 후 또는 슈퍼비전 시에 그것이 무슨 의미일지 생각해 볼 수 있기에 질문은 하지 않은 것이다.

어떤 경우에는 내담자와 상담자 모두 자신의 글을 상대가 빨리 읽을 수 있는 방편을 쓰기도 한다. 하고 싶은 말을 모두 한 번에 입력하는 대신, 응답 일부를 입력한 후 말줄임표를 붙이고 보내기를 누르면 입력한 글이 화면에 표시되고 나머지 하려던 말을 계속 쓸 수 있다. 내담자가 온라인 대화를 하는 데 익숙하지 않다면, 작업 시작 전에 몇 가지 친절한 '팁'을 담은 첨부 파일을 보내 주어, 새로운 작업 방식에서의 초보 단계를 통과해 낼 수 있도록 도움을 주는 것도 생각해 보아야 한다.

면대면 회기 사이에 과제나 과업을 활용하는 상담자라면, Mona에게도 이를 활용할 기회가 있을 것이다. Mona는 자신을 따라다니는 일련의 사건들에 대해 정리하여 상담자에게 이메일을 보낼 수 있다. 상담자는 Mona에게, 그녀를 숨 막히게 하는 일들의 목록을 살펴본 후 우선순위를 정해 보도록 요청할 수 있다. 면대면 작업에서 척도 기법을 사용하는 경우, Mona에게 매일 얼마나 숨 막히는 느낌이 심했는지를 척도에 표시하는 일지를 작성해 보도록 한 후, 다음 회기에 점수 차이가 나게 하는 것이 무엇인지 살펴볼 수 있다.

상담 접근 방식에 따라 상담해 나가는 도중에 회기를 평가할 수도 있다. 내담자에게 곧 회기가 종료될 시점임을 상기시키고 오늘 작업에서 얻은 것은 무엇인지, 또는 도움 됐거나 도움 되지 않은 것은 무엇인지 묻는 식으로 간단하게 평가할 수 있다. 면대면 회기 말미에 사용하는 질문을 온라인상담에 맞춰서 사용할 수도 있다.

매번 회기가 종료될 때마다 상담자가 피드백 요청 이메일을 보내기로 계약할 수도 있다. 이 경우, 다음의 예시와 같이 간단한 양식을 만들어 서너 가지 질문을 할 수 있다.

평가하기

- 오늘 도움이 된 것은 무엇입니까?
- 별로 도움이 되지 않거나 전혀 도움이 되지 않은 것이 있습니까?
- 이렇게 하면 좋겠다 싶은 다른 것이 있습니까?
- 오늘 회기에 대해 더 하고 싶은 말이 있으십니까?

상담자 대부분은 계약된 상담이 종료되는 시점에 상담 전반에 대해 평가를 하고자 할 것이다. 이 역시 마지막 회기에 동시에 시행하거나, 상담이 종료된 후 내담자에게 이메일 첨부 파일로 전송할 수도 있다. 실시간 회기의 일부로 평가를 수행하면 양방향 대화형 프로세스가 가능해진다. 이때 내담자가 긍정적인 부분만 떠올리고, 도움이 될 만한 발전적인 피드백은 주지 않을 수도 있다. 그래도 아예 피드백이 없는 것보다는 나을 것이다. 평가를 이메일로 수행한다면, 상담이 종료된 후 내담자가 상담자의 이메일에 반드시 답장하지 않을 가능성이 있다. 내담자별로 어떤 방법이 성공확률이 높을지 판단해 보아야 할 것이다.

이 장에서는 실시간 회기 수행 방법에 대한 몇 가지 지침과 함께, 동시적 상담의 장단점에 대해 알아보았다. 실제로 직접 시도해 보는 것만큼 좋은 준비 방법은 없다. 다음의 연습은 이를 돕기 위한 목적으로 고안된 것이다.

연습 활동

1. 동시적 의사소통에 익숙하지 않다면, Hotmail(www.hotmail.com)과 같은 무료 서비스에서 새로운 이메일 계정을 만듭니다. 이 작업을 마친 후 MSN 메신저 서비스를 클릭합니다. 설정 방법에 대한 안내를 따르면 됩니다. 그런 다음, 이미 메신저를 이용해서 연락을 주고받고 있던 친구를 찾아 온라인으로 대화 연습을 합니다. (젊은 사람들은 친구들과 항상 이렇게 대화하고 있으니, 그들에게 부탁해 보세요!)

2. 이미 실시간 채팅을 사용하고 있거나 활동 1을 완료한 경우, 동료 상담자에게 온라인 내담자 역할극을 부탁해 보세요. 이때는 치료적으로 심오한 문제를 다루기보다는 온라인 작업에 익숙해지기 위한 것이니 동료에게 아주 단순한 문제를 제시해 주도록 부탁합니다. 동료의 피드백을 받아 보세요.

3. 같은 동료에게 역할을 바꿔 줄 수 있는지 알아보고 온라인 내담자 체험을 해 보거나, 동시적 상담을 하는 온라인상담자에게 1회기 이상의 상담을 받아 보세요. 3장을 읽은 후 웹 검색했던 자료를 활용하거나 ACTO 웹사이트(http://www.acto.org.uk)를 방문하시면 됩니다.

6장

감정 탐색을 위한 쓰기 작업

앞서 온라인상담은 문자로 소통한다는 점에서 전통적인 유형의 상담(예, 면대면상담 또는 전화상담)과는 차별화된 틈새를 차지했음을 보았다. 이 장에서는 문자를 통해 온라인으로 치료적 작업을 시행하는 방법들에 대해 알아볼 것이다. 분량 관계상 다양한 쓰기 작업 중 두 가지 정도에 대해서만 개관하고 설명하려고 한다. 좀 더 다양한 작업에 대해서는 Adams(1990)나 Progoff(1992)의 책에서 확인할 수 있을 것이다. 이 장에서는 온라인 내담자에게 내러티브 접근법을 어떻게 적용할 수 있는가에 관해서도 소개할 것이다.

당신이 글쓰기 작업을 상담에 도입하기 전에 우선 그것이 내담자가 정말로 원하는 바인가를 확인하는 것이 좋다. 글쓰기를 떠올리면 학교 다닐 때 낙제 받은 경험이 생각나서, 큰 부담을 느끼는 내담자도 있을 것이다. 이런 생각이 들면 글쓰기가 불필요하게 어려운 작업으로 느껴질 것이고, 특히 혼자 글쓰기 작업을 해야 하거나 과제로 해야 한다면 그런 느낌이 더 강해질 것이다. 상담자와 함께하는 실시간 작업을 선호하는 내담자도 있을 수 있으므로, 동시적 작업인지 비동시적 작업인지에 따라 여기 소개하는 과제들을 맞춰 조정하면 된다. 어떤 작업 방식을 선택하였건 간에, 글쓰기는 필수적인 것이 아닌 내담자의 선택 사항임을 알려 주고 내담자가 자유롭게 선택할 수 있도록 해야 할 것이다. 첫 이메일에 다음과 같이 안내할 수 있다.

> 당신이 상담에서 살펴보고 싶은 점들에 관해 말씀해 주셨으니, 그 한 가지 방법으로 치료적 글쓰기를 소개하고 싶습니다. 당신은 글을 잘 쓰는 편이며, 당신이 처해 있는 상황과 자기 자신에 대해서도 다양한 방식으로 잘 표현해 내는 것 같습니다. 치료적 글쓰기는 숨겨진 감정에 접촉하고 의식으로 자각할 수 있게 하여, 이를 검토할 수 있도록 해 주는 강력하고 효과적인 도구가 될 수 있습니다. 그런데 이 작업이 고통스러울 수 있으므로, 일상생활이나 이번 상담을 통해 지지를 받을 수 있어야 할 것입니다. 그래도 이 작업을 통해 마음의 평화와 미래의 문제들을 직면할 만한 힘을 얻을 수 있을 것입니다. 여기까지 읽고 만일 제가 소개해 드린 작업에 대해 강한 거부감이 든다면 저는 당신의 선택을 존중할 것이며, 글쓰기를 하지 않고 기존 방식대로 얼마든지 계속 진행할 수 있습니다.

치료적 글쓰기 작업

글쓰기 작업에 있어 중요한 측면 한 가지는, 글솜씨를 판단하지 않고 글쓴이의 경험에 대해 증인 역할을 하며 타당화해 줄 수 있는 사람과 글을 공유한다는 점이다. 실시간으로 작업하는 경우, 회기 도중에 글쓰기를 해도 되고 숙제로 미리 내주어 회기 시작 전에 이메일로 받아 볼 수도 있다. 이메일이나 게시판을 통해 비동시적으로 상담을 진행하는 경우, 글을 소리 내서 읽는 대신 미리 이메일로 보내 주도록 요청하고, 그 글을 읽으면서 어떤 마음이 들었는지 답메일로 얘기해 주며, 증인 역할을 해 주고 타당화해 줄 수 있다. 비동시적 온라인 작업에서는 또한 내담자가 글쓰기 작업 자체에 대해 느끼는 감정에 대해 주목하고 논의해 보도록 격려하고, 이메일에 이 내용을 적어 보도록 할 수도 있다(물론 실시간으로 감정에 관해 얘기해 보도록 할 수도 있다). 이 경우 내담자의 메일은 2부로 구분된다. 1부에는 치료적 글쓰기가 들어가고, 2부에는 글쓰기를 하며 경험한 '지금-여기'의 감정에 대해 적고, 이에 한걸음 물러나서 치료적 글쓰기가 객관적으로 얼마나 유용했는지도 적어 본다. 이러한 2부(과제와 그에 대한 느낌) 접근 방식을 통해 내담자와 상담자는 치료적 글쓰기 과제가 촉발한 감정에 대해 주목하고 탐색할 수 있게 된다.

내담자가 글쓰기 작업에 동의하면, 해당 주제에 맞게 맞춤형 글쓰기 과제를 내주면서 작업을 완성하는 데 도움이 되는 몇 가지 지침도 함께 전달해야 한다. 이러한 지침은 글쓰기 과제의 시작부터 끝까지를 명료하게 안내해 주는 것이어야 한다. 아마도 내담자는 혼자서 글쓰기를 할 것이므로, 지침을 잘 전달해 주면 글쓰기 도중 경험할 수 있는 강한 감정에 대비하고 대처하는 데 도움이 될 것이다. 벅차오른 감정으로 일시에 글을 마무리하여, 검토나 수정 없이 그 즉시 보내는 내담자가 있는가 하면, 오랜 시간에 걸쳐 조금씩 써 나가는 내담자도 있을 것이다. 자신과 연관된 문제에 대해 글을 쓰면서, 글쓰기 작업 자체가 카타르시스 역할을 할 것이다.

글쓰기 작업을 위한 지침의 예는 다음과 같다.

글쓰기 작업을 위한 안내

30~40분 정도 방해받지 않는 시간을 확보합니다.

□ 컴퓨터 앞에 앉아 주제에 대해 1~2분간 생각해 보세요.

□ 문서작성 화면을 여세요.

□ 제목을 달아 보세요: '______'

□ 머리에 떠오르는 생각이나 관념, 단어들을 모두 타이핑해 보세요.

□ 끝마칠 때까지 계속하세요.

□ 편집하거나 고치지 말고(꼭 고치고 싶은 부분이 있는 것이 아니라면) 저에게 바로 이메일로 보내세요.

□ 스스로에게 '보상'을 주세요(목욕, 산책, 와인 한 잔, 음악 듣기, TV 시청, 독서 등등).

만일 10분이 지나도록 시작하지 못한다면,

□ 작성 중인 문서를 안전한 곳에 저장하세요(USB나 암호화된 파일).

□ 시작은 했다는 점에 대해 자신에게 보상을 주세요.

시작은 했는데 끝마치지 못한 채 두었다면,

□ 다시 쭉 훑어보고 내용을 추가할 것인지 결정하세요.

□ 끝났으면 메일로 전송하세요.

□ 위에 나온 내용대로 자신에게 보상을 주세요.

어떤 글쓰기 작업은 금방 완성되는데, 그런 것들은 대개 기억(어린 시절, 사랑했던 사람, 인생의 한때 등), 꿈이나 과거 의미 있는 순간에 대해 기술/회상하는 글쓰기까지 다양하다. 이 밖에 다른 유형의 치료적 글쓰기로 이메일 써 보기가 있다. 다음에 두 가지 유형이 소개되어 있다.

부치지 않은 편지

내담자에게 탐색해 보고는 싶되 글로 옮기기는 어려운, 뭔가 강한 감정을 느끼는 주제가 있다면, '부치지 않은 편지(Unsent letter, UL)' 기법을 활용해서 그러한 감정에 가까이 다가가고 의미를 탐색해 볼 수 있다. 예를 들어, 가까운 이의 사망으로 깊은 슬픔과 무망감을 느끼는 내담자, 그리고 사람 또는 그 외 대상에 대해 강한 분노를 느끼는 내담자가 있다고 하자. 이런 감정을 다루기 위해, 해당 주제와 관련된 감정에 대해 더 탐색해 보는 치료적 글쓰기를 해 보자고 제안할 수 있다. 강렬한 감정의 원인이 된 그 누군가나 무언가에게 부치지 않은 편지를 써 보도록 제안하고, 그 안에서 말로 다 할 수 없고 표현하기 어려운, 마음속에 떠오르는 모든 생각과 단어들을 다 얘기해 볼 수 있게 한다(예, 항암치료에게, 아픈 등에게, 몸에게, 돈에게, 알코올에게, 어린 나에게 등). 부치지 않은 편지를 쓸 때는 사람에게 쓰든 몸의 일부분에게 쓰든 간에 '친애하는 ~에게'로 시작하여 마치 사람에게 쓰는 것처럼 써야 한다. 작성을 마친 글은 편집하지 않고 작성된 그대로 전송한다(부치지 않은 편지는 단어나 구를 나열한 것부터, 완성된 문장 또는 단어를 문단 구분도 없이 여러 페이지에 걸쳐 작성한 글까지 다양하다). 타이핑과 글은 파편화되고 혼란스러울수록, 편지 수신인에 대해 느끼는 내적 감정까지 더욱 깊숙이 가 닿는다. 부치지 않은 편지를 다 쓴 후 내담자는 그것을 상담자인 당신에게 보내게 된다. 어떤 경우엔 부치지 않은 편지 한 통만으로 내담자가 이제껏 말로 표현하지 못했던 것을 표현할 수 있도록 하는 데 도움이 된다. 이때 상담자가 할 일은 그 감정들을 타당화해 주고, 내담자가 글쓰기 작업을 통해 찾아낸 새로운 생각들에 대해 더 탐색할 수 있도록 도와주는 것이다.

또 다른 경우 다음 제시된 틀에 따라 연속적으로 이메일 교신을 하면서 부치지 않은 편지 작업을 하고 거기에 반응하기도 한다.

세 통의 부치지 않은 편지

1. 내담자가 자신과 관련이 있는 무엇 또는 누군가에게 부치지 않은 편지를 쓴다. 부치지 않은 편지를 파일로 첨부하면서, 그 작업을 시작할 때의 느낌, 그리고 마음속에 있는 것을 끌어내서 글로 써 내려간 후의 느낌을 각각 메일 본문에 써서 상담자에게 보낸다(어떤 상담자들은 느낌을 척도 점수로 표시하도록 요청하기도 한다). 이때 상담자는 부치지 않은 편지에 대해 잠시 증인 역할을 해서 내담자의 경험을 타당화해 주면서, 편지를 읽고 상담자 마음속에 떠오른 생각이나 감정에 관해 얘기해 줄 수도 있다. 또는 코멘트는 마지막 편지까지 보류해 두고 한편에서 지켜보기만 하며 다음 작업으로 넘어가는 상담자도 있다.
2. 다음 작업은 상담자가 내담자에게 보낸 메일에 답장을 써 보

는 것인데, 여기서 상담자가 보낸 메일은 사실 내담자가 쓴 부치지 않은 편지(UL)를 본문에다 복사 및 붙여넣기 하여 보낸 것이다. 내담자는 지금 막 이 편지를 받고 읽었다고 가정하고, 이에 대한 답장을 작성해서 보내면 된다. 부치지 않은 편지를 본문에 복사 및 붙여넣기 하다 보면 글 맞춤과 사용 서식이 변경되면서 편지가 전과는 조금 달라 보이게 되고, 내담자는 답장하기 전에 그것을 전체적으로 다시 훑어볼 가능성이 커진다.

3. 내담자가 2번에서 언급한 대로 두 번째 부치지 않은 편지(UL)를 작성하고, 이것을 파일로 첨부하여 상담자에게 보내며 현재 자신이 어떻게 느끼는지도 말한다.
4. 상담자는 다시 한번, 두 번째 부치지 않은 편지(UL)를 본문에 복사/붙여넣기 하여 내담자에게 보내면서 답장(내담자의 세 번째 UL)을 써 보도록 요청한다.

이 이메일 대화는 효과가 있을 때까지 계속해도 되지만, 내담자가 자신의 상황을 새로운 시각으로 보는 데 도움이 될 만한 통찰을 얻는 데는 보통 3회의 이메일로도 충분하다. UL 주고받기를 마칠 때, 상담자는 내담자가 작업을 완료하는 동안 경험한 것을 타당화해 주고, 그 이후 발생한 변화를 탐색해서 주목할 수 있게 돕는다.

이런 식으로 부치지 않은 편지는 부쳐진 셈이 되고, 내담자는 안전하면서도 실감나는 상황에서 자신들이 쓴 편지를 받아서 읽을 기회를 얻는다. 게다가 제삼자와 편지를 공유하면서 누군가 자신의 경험을 함께 목도하고(증인이 되고) 타당화해 주었다고 느낀다.

대화하기 작업

비동시적 혹은 동시적으로 내담자에게 적용할 수 있는 치료적 글쓰기의 또 다른 유형은 문제를 일으키는 자신의 일부 또는 현재 삶과 대화를 하는 것이다(Adams, 1990; Progoff, 1992). '자신감 있는 나' 대 '주저하는 나', 또는 '현명한 나' 대 '바보 같은 나'와 같이 밖으로 드러나는 성격 측면과 감춰지거나 억압된 성격 측면 간에 대화가 이루어질 수 있다. 한편, 내담자와 '내면 아이' '내면의 지혜'(흔히 '현명한 사람'으로 외현화), '부모'('비판적인' 또는 '따스한'), '상사' 또는 '일'이나 '돈'과 같은 삶의 중요한 측면 사이의 대화도 가능하다.

비동시적 대화하기

대화 작업을 시작하기 전에 내담자들은 다음의 예와 같은 대화를 위한 명상(Adams, 1990)을 읽어 보면 좋을 것이다. 이를 통해 의식을 자유롭게 하고, 대화 시에 양편의 말과 생각에 대해 더 마음을 열 수 있다.

대화를 위한 명상(대화 작업 시작 전에 한번 읽어 보세요)

의자에 기대어 앉으세요.

키보드에서 손을 떼고, 편안하게 천천히 세 차례 심호흡해 보세요.

따뜻하고 화창한 날을 상상해 보세요.

당신은 그(대화 상대)를 만나기 위해 걸어가고 있습니다.
주위에 들리는 소리를 느껴 보세요.
따뜻한 햇볕을 느낍니다.
멀리서 그가 보입니다.
아직 거리가 멀어 잘 안 보이지만 이쪽으로 걸어오네요.
서로를 향해 걷고 있습니다.
이제 그가 잘 보이네요.
이제는 말을 건넬 수 있을 정도로 가까워졌어요.
서로 멈춰 서서 바라보고 있네요.
무엇이든 질문해 보세요. 대답을 들을 수 있을 거예요.
어떤 말을 해도 좋습니다. 상대는 어떤 말이든 들을 준비가 되어 있습니다.

대화 작업을 할 때는 다음 사례처럼 각자의 말을 줄을 바꿔 가며 대화 형태로 쓰면 된다. 대화 작업은 워드 문서로 작성하여 이메일에 첨부하도록 한다. 이메일 본문에는 대화하기 작업을 하면서 스스로 깨달은 내용이라면 무엇이든 적을 수 있다. 이렇게 '지금-여기'(here & now) 경험에 대해 내담자가 적은 내용을 보고, 과제에 대해 내담자가 느끼는 바가 무엇인지 상담자는 이해할 수 있으며, 특히 강렬한 감정이 불러일으켜졌을 때 이해의 폭도 넓어진다. 대화하기 작업은 원하는 만큼 시간을 들일 수도 있고, 또는 30분 알람을 설정하여 작업을 점검하고 이후 멈출 것인지, 아니면 좀 더 계속할 것인지를 결정할 수도 있다.

여기에 '내면의 나'(IM) 와 '외면의 나'(OM) 가 나누는 대화의 사례를 제시하였다.

IM: 너는 나를 옴짝달싹 못 하게 만들어. 하고 싶은 말을 할 수가 없고, 너는 듣지도 않잖아. 네가 항상 미래에 대해 근심하고 일상에 연연하느라 바쁘니깐, 나는 내가 원하는 것을 생각할 수조차 없어.

OM: 이봐, 네가 항상 거기 있다는 건 알아. 하지만 넌 쓸모없는 소리만 하잖아. 넌 정말 몽상가야, 미래에 대한 계획이나 문제에 대한 실질적인 해결책은 아무것도 없어. 전부 다 내가 하잖아.

IM: 말도 못 하게 하면서 내가 계획이 있는지 어떻게 알아?

OM: 그래? 좋아, 그럼 한번 말해 봐. 나도 들어 볼게.

IM: 그냥 생각을 말로 표현하는 게 정말 어려워. 때로는 전부 다 너무 두려워서, 몸을 웅크리고 숨고만 싶어.

OM: 나도 그 느낌 알지, 나도 두려워. 그래서 내가 강한 사람이 되어 우리를 위험으로부터 보호해야 한다고 느껴. 그게 얼마나 힘든데.

IM: 때로는 우리 둘 다 두려움을 느끼네.

OM: 그런 것 같아.

IM: 미처 몰랐어. 너는 그냥 강한 사람이라고만 생각했어. 우릴 위해 싸우고 논쟁하고 언제나 네 뜻을 관철해 나가고.

OM: 나도 가끔은 누군가가 나를 돌봐 주고 내 짐을 덜어 주길 바라.

IM: 내가 바라는 것도 대개 그거였어. 그걸 매번 네가 해 줬어. 네가 늘 나를 돌봐 주고 내 짐을 덜어 주곤 했어. 너는 좋아서 하는 걸로만 생각했어.

OM: 있잖아, 나도 두려울 때가 있어. 그런데 우습다. 우리 둘 다

두렵다고 말하고 있는데, 그 말을 하는 건 두려워하지 않았네. 적어도 난 그랬어.

IM: 맞아, 우리 둘 다 두려워서 말 못 했다면 더 끔찍한 일이었을 텐데 그러지 않았네. 오히려 이렇게 얘기하니깐 너랑 더 가까워진 것 같아.

OM: 나도 널 더 잘 알게 된 것 같아. 아마 그래서 두렵지 않았나 봐. 아마 우리가 마음이 잘 맞고, 같은 생각을 하고 같은 방식으로 느끼기에 더 강해진 느낌이 드는 것 같아. 앞으로도 자주 이렇게 이야기하면 좋겠어.

IM: 그래, 큰 도움이 됐어. 우리 계속해 보자. 우리가 함께 고민해 나가면 세상 어떤 것도 두려워할 필요가 없다는 느낌이 들어.

동시적 대화하기

상담자와 내담자 모두 대화 작업을 해 보는 것이 좋겠다고 동의했다면, 실시간 회기에서 내담자의 특정 측면에 대해 다룰 때도 대화 작업을 할 수 있다. 이때 작업은 전체 회기 중에 시간을 내어 진행한다. 대화 작업 이후 소감 나누기 및 점검을 위한 충분한 시간이 남아 있어야 하므로, 상담자는 회기 시간을 잘 확인하여 너무 늦지 않게 대화 작업을 시작해야 한다. 만약 대화 작업을 너무 늦게 시작했다면, 앞서(비동시적 대화하기 작업) 소개한 안내 사항과 함께 숙제로 제시할 수 있다. 대화 작업과 사후 소감 나누기에는 대개 적어도 30분 정도가 소요된다.

대화 작업 시작 전에, 상담자와 내담자는 대화 상대가 누구인지, 탐색해 볼 주제는 무엇인지, 상담자의 역할은 무엇인지를 우선 정한다. 상담자는 보통 내담자가 탐색해 보고자 하는 어떤 '측면'이나 '강한 감정'에게 직접 말을 걸어 내담자의 삶에서 어떤 역할을 맡고 있는지 묻는다. 다음에 가상 동시적 대화 작업의 예를 제시하였다. 작업 시작 전에 상담자가 내담자의 내면 아이(어린 C)에게 말을 걸어 보기로 얘기가 됐고, 상담자는 어린 C가 무엇에 관해 이야기하고 싶은지 물었다. 상담자는 자신의 말은 간략하게 하고 내담자가 사용한 단어와 구절을 따라 반복해 주는 식으로, 어린 C에게 직접 말을 건넨다. 이때 내담자가 과거형으로 말해도 상담자는 항상 현재형으로 말을 하여 내담자가 어린 C가 될 수 있도록 도와준다.

내담자: 어린 C는 타인에 대한 자신의 판단력과 직감에 대해서 의문을 갖고 있어요. 평생 이런 데 문제가 있었던 것인지 아니면 지나친 자신감으로 잠시 실수했던 건지 모르겠나 봐요. 다른 사람들은 나를 좋아하지 않고, 나는 뭘 잘못 했는지 모르겠어요.

상담자: 어린 C, 좀 더 얘기해 줄 수 있나요?

내담자: 내 직감을 전혀 믿을 수가 없어요. 나는 사람들 스스로 행동으로 입증하기 전까지는 아무도 믿지 않아요. 그래야만 내가 안전할 수 있어요. 내 생각에, 나는 사람들이 나를 좋아하기 어렵게 만들고 있는 것 같아요.

상담자: 어떻게 사람들이 당신을 좋아하기 어렵게 만드나요?

내담자: 내 자신을 조금도 양보하지 않죠. 처음에는 충분히 안전하다고 느끼기 전까지는 매우 냉정하고 거리감 있게 대

해요. 나는 친구가 별로 없어요. 그래도 몇몇 사람들은 내가 긴장을 풀고 진정한 내 모습을 보여 줄 수 있을 때까지 떠나지 않고 곁에 머물러 주긴 했죠.

상담자: 어린 C, 왜 몇몇 사람들은 당신이 진짜 모습을 보여 줄 때까지 충분히 오래 머무른 거죠?

내담자: 대부분은 그렇지 않았어요. 그들은 왜 머물렀는지 모르겠네요, 나를 걱정했나…

상담자: 확신이 없는 듯 들려요.

내담자: 나는 그들이 나를 걱정한 것 같지 않아요. 사람들이 어린 C를 좋아하지 않았고 그렇게 말한 것도 기억나요.

상담자: 어린 C는 그것에 대해 어떻게 느끼나요?

내담자: 그녀는 매우 불행해요. 외롭고, 친구도 몇 명밖에 없죠.

상담자: 어린 C는 무슨 일이 일어나길 원하죠?

내담자: 나는 친구를 원해요. 많은 이들이 나를 미워해요, 그건 불공평해!

상담자: 어린 C는 외롭나요?

내담자: 네, 하지만 내가 외롭다는 걸 사람들에게 내보이지 않을 거예요.

상담자: 어린 C는 그녀의 감정을 숨기고 있네요. 그녀는 자신의 진심을 드러내지 않네요.

내담자: 네, 저는 진심을 아주 교묘히 숨길 수 있게 됐어요.

상담자: 그럼 어린 C는 지금도 다른 사람들에게 자신의 감정을 숨기고 있나요?

내담자: 그럼요. 그래야만 안전할 수 있으니까요.

상담자: 감정을 숨기는 것에 대해 어린 C가 더 하고 싶은 말은 없

을까요?

내담자: 있기는 할 텐데, 지금은 아니에요. 갑자기 피곤해지네요.

상담자: 음, 곧 상담 시간이 끝날 거예요. 회기를 마치기 전에 당신이 어린 C로서 어떻게 느끼는지를 꼭 얘기해 봤으면 해요.

내담자: 상당히 피곤하고 지치네요. 어린 시절에조차 나 자신을 감추어 왔음은 깨닫지 못했어요. 오늘 말한 것들을 다시 읽어 보고 생각할 시간이 좀 필요해요. 오늘 한 얘기는 저절로 술술 나오는 것 같았어요. 손가락이나 뇌를 거치지 않은 것처럼 말이에요.

상담자: 그것은 매우 강렬한 경험이었을 거예요. 당신에게 도움이 되었을까요?

내담자: 네, 피곤하지만, 왠지 짓누르고 있던 것이 사라진 것처럼 마음은 더 가벼워졌어요. 아마도 뭔가 중요한 것을 발견한 것 같아요. 아직은 발견한 게 맞는지도 그것이 도움이 될지도 잘 모르겠지만.

상담자: 제가 보기엔, 당신이 정말 중요한 얘기를 하는 것 같았어요. 어린 C가 되어 말을 할 때 평소보다 더 마음에 와닿았어요. 스크린을 보면서 뭔가 놓치는 게 있을까 시선을 돌리지 못하겠더군요. 제가 말했듯이, 이것은 매우 강렬한 경험이에요. 여기에 대해 더 말하고 싶은 것이 있나요?

내담자: 아니요, 아직 8시밖에 안 되었는데, 하품이 나오네요. 와인 한잔 마시면서 나를 돌아볼 시간을 좀 가져야겠어요. 오늘 감사했고요, 다음 주에 만나요.

상담자: 와인 한잔, 좋은 생각이네요. 다음 주에 봐요, 안녕히 계

시고 잘 지내세요.

내담자: 네, 안녕히 계세요.

이 예에서 보면, 내담자는 어린 C가 되어 말하는 것을 갑자기 그만두었다. 상담자는 이를 깨닫고 어린 C에게 계속 말을 걸기보다는 대화에 대한 소감 나누기로 넘어간다. 소감 나누기 중 상담자는 대화를 지켜본 입장에서 내담자의 경험을 타당화해 주고, 이와 관련하여 자신이 느낀 감정에 대해서도 이야기한다. 이와 같은 대화는 실시간 회기 중 짧게 진행할 수도 있고 회기의 대부분을 차지할 수도 있다. 회기 중 느끼는 감정의 강도나 제삼자가 지켜보고 있다는 느낌은 매우 강렬한 것이므로, 다른 사람들도 마찬가지로 강렬한 경험을 한다는 점을 알려 줄 필요가 있다. 이메일 치료적 글쓰기 작업과 마찬가지로, 상담자들은 온라인 회기 이후 내담자가 자기 자신에게 보상을 주도록 권할 수 있다. 온라인상담에서는 상담 회기 후에 일상생활로 되돌아갈 때까지 남는 시간이 없기 때문에 이렇게 하는 것이 좋다고 생각한다. 오프라인 장면에서처럼 상담이 끝나고 집으로 돌아가는 시간이 따로 있지 않아서, 그들의 일상이 재개되기 전까지 상담 회기를 돌아볼 여유가 없기 때문이다.

모든 온라인상담에서 마찬가지겠지만, 상담자는 상담이 이루어지는 환경에 대해 계속해서 신경 써야 한다. 여기서 언급한 여러 작업은, 작업 후에 내담자가 어떻게 느낄지, 그리고 일상생활이 재개될 때 내담자에게 어떤 영향을 줄지 등에 대해 고려하면서 주의 깊게 시행해야 할 것이다.

연습 활동

창의적 글쓰기

아직 계정을 만들지 않은 경우, 당신 자신을 위한 온라인상담자용 이메일을 새로 만들어 보세요.

- 온라인상담자가 당신에게 중요한 인물을 향해 '부치지 않은 편지'를 써 보도록 제안했다고 상상해 보세요.
- 이 장에서 배운 대로, '부치지 않은 편지'를 써서 그 온라인상담자 이메일로 보내 보세요.
- 이메일 본문에는 '부치지 않은 편지' 작업을 할 때나 보내기를 마쳤을 때 느낀 바를 적어 보세요.
- 온라인상담자 이메일로 로그인해서 '부치지 않은 편지'를 받아 읽어 보세요.
- 필요한 경우, 온라인상담자가 되어 내담자에게 답장을 써서 '부치지 않은 편지' 작업을 계속할 수 있게 격려해 보세요.

내러티브 접근을 사용하기

온라인상담에 도움이 되는 또 다른 형태의 글쓰기는 서사(내러티브) 만들기이며, 여기서는 교신 작업(동시적이든 비동시적이든)을 상담자와 내담자 사이에 지속적이고 발전적으로 쌓아가는 서사로 본다(McLeod, 1997; Payne, 2000). 호주의 White와 Epston(1990)의 작업방식은 온라인 치료에도 쉽게 적용할 수 있다. 실제 이들은 자신들의 기법을 현재 온라인으로 적용하고 있다. 이들의 모델은 네 단계로 구성된다. 첫째, 상담자는 내담자가 문제를 확인하고 객관화할 수 있도록(자신과 문제를 구별함) 돕는다. 둘째, 상담자는 내담자에게 '독특한 결과'(즉, 예상치 않게 문제의 해결로 이어진 행동)를 담은 이야기를 찾아보도록 한다. 셋째, 상담자는 내담자가 이야기를 다시 쓰고, 마지막으로 다른 사람들에게 '선언'(다른 이들에게 말하기)하도록 돕는다. 상담자는 문제에 지배당하는 이야기에서 문제를 관리하는 이야기로 내담자가 옮겨 가는 것을 함께 지켜봐 준다. 이 모델은 대화가 영구히 문자로 기록되는 온라인 장면에 적당하다. 온라인상담자는 내담자가 문제를 객관화할 수 있게 돕는다(문제에 이름을 붙여, 그것을 이메일의 제목으로 작성하도록 할 수 있다). 또 독특한 결과에 주목하게 하고, 내담자가 자신의 이야기를 다시 쓰고 선언하도록 도울 수 있다. 다음에서 상담자가 보낸 메일 예를 살펴보자.

> 나는 미소를 머금고 여기 앉아 있습니다. 지난번 당신의 이메일을 읽으니, 이제 당신은 아버지에 대해 조금 다르게 느끼는 것 같네요. 처음에 당신은 아버지를 '불리'(Bully, 약자를 괴롭히는 사람)라고 불렀지요(두 번째 메일 제목—'불리는 제 멋대로이다'). 그 이메일에서 당신은 아버지가 고함을 지르고 주먹다짐을 하며 당신을 지배해 왔다고 고통스럽게 설명했지요. 그리고 네 번째 메일에서는 아버지에게 맞서 고함을 질렀을 때 아버지가 예상치 못하게 순순히 받아들였다고 했고, 그렇지만 그리 오래가지 않아 실망했다고도 했지요. 오늘 여덟 번째 메일에서 당신은 아버지를 '제멋대로 굴면서 고함을 질러야만 자신의 존재감을 드러낼 수 있는 사람'이라고 했어요. 아버지에 대한 견해가 조금 달라진 것처럼 들리는데, 제 말이 맞나요? 당신이 새로운 관점을 갖게 되어 기쁘면서도, 무엇이 그러한 변화를 생기

> **게 만든지는 잘 모르겠어요. 우리가 주고받은 메일이었을까요? 아니면 아버지에게 '부치지 못한 편지' 작업을 해서 그럴까요? 무엇이 변화가 생기도록 한 건지 좀 알려 주세요. 상담을 시작하게 만든 문제가 이제 더는 문제가 되지 않는 것 같네요.**

내러티브 이론에서는, 문제를 객관화하는 것이 '문제가 지배하는 이야기'를 해체하는 데 첫걸음이 된다고 한다. 문제에 이름을 짓고 이메일이나 부치지 않은 편지의 제목으로 적게 하는 식으로, 문제에 이름을 지어 부르는 것만으로도 내담자가 문제를 객관화하기 시작하는 데 도움이 된다. 각각의 이메일을 마치 책의 각 장(chapter)으로 생각하고, 이메일의 제목란에 각 장처럼 제목을 붙일 수도 있다. 실시간으로 객관화 작업을 할 때는, 회기를 시작하거나 종료할 때 적절한 시점을 택하여 각 회기의 제목을 붙여 보게 할 수 있다.

치료 이메일 교환을 책의 각 장으로 취급하면, 다루기 쉬운 작은 단위로 경험을 구분해 주어서 내담자에게는 도움이 된다. 내담자는 그들이 얽매여 있던, 복잡하게 얽혀 있는 정보에서 벗어나서 자신에게 중요한 순서대로 이야기를 하나하나 재구성해 나갈 수 있다. 예를 들면, 다음과 같다.

1장. 나의 가장 오래된 기억들
2장. 친구와 친척
3장. 내가 직면했던 어려움들
4장. 내가 저지른 실수들
5장. 내가 후회하는 것

6장.	나 자신에 대해 배우기
7장.	새로 시도하고 싶은 것들

내담자가 각 장을 작성할 때는 제목을 보고 떠오르는 것은 무엇이든 쓰도록 한다. 이에 상담자는 내담자가 쓴 글의 증인이 되어 주고 그 내용을 타당화해 준다. 그뿐 아니라 상담자는 내담자가 자신의 경험을 더 널리 탐색해 볼 수 있게 장려하기 위하여, 질문, 논박 및 치료적 글쓰기 작업 등을 섞어서 치료적으로 반응할 수도 있다. 상담자는 내담자가 독특한 경험(평소와 다른 방식으로 경험에 대응했던 상황)에 주목할 수 있게 도와주고, 그들이 자신의 이야기를 재구성하고 선언할 수 있도록 도와준다(우선 상담자에게 그 이야기를 보내고, 마음의 준비가 될 때 가까운 주변 사람에게 선언하도록 격려해 준다).

내담자가 자신의 이야기를 재구성하도록 돕는 또 다른 방법으로는 새로운 관점에서 이야기해 보도록 격려하는 것이 있다.

> 이 경험이 당신에게는 매우 강력했고, 지금도 여전히 그런 것 같네요. 그런데 이처럼 강력한 감정에 사로잡혀 있을 때는 간혹 그때 함께 있던 제삼자의 시점으로 상황을 보는 것이 도움이 되기도 한답니다. 만약 그때 함께 있었던 친구의 관점에서 본다면 어떤 일이 있었던 것일까를 적어서 메일을 보내 주시면 도움이 될 것입니다. 그냥 친구가 되어서 친구 입장에서 한번 써 보세요. 친구는 무엇을 보았을까요? 여태까지 당신에게 그토록 고통이 된 경험을 친구는 어떻게 묘사할까요? 아마 다음 번 메일은 친구한테서 온 것이 되겠네요.

온라인으로 진행되는 내러티브 치료[1]는 내담자가 현실에서 회피해 왔던 문제들에 직면하는 데 도움이 된다. 회피해 온 이유는 아마도 그 문제 및 내담자 자신에 대해 느끼는 수치심, 공포, 죄책감이나 다른 부정적 생각 때문일 것이다. 온라인상담에서 상담자의 지지와 적절한 익명성을 활용한다면, 내담자들은 문제와 자기 자신을 분리하고, 문제를 탐색, 검토, 재구성하여 새로운 맥락으로 바라볼 수 있게 될 것이다.

내러티브 치료

당신의 삶을 책의 이야기로 각 장(chapter)마다 기술해 봅니다. 각 장에 제목을 달아 보세요. 한 장을 쓰고 나면 그 장의 제목을 이메일 제목으로 달아 온라인 상담자 계정으로 보세요.

어떤 느낌이 드는지 보세요.

- 온라인상담자 계정으로 접속해서 도착한 이메일을 열어 보세요.
- 제삼자 입장에서 메일의 내용을 타당화해 주고, 책의 다음 장을 계속 써 나가도록 격려하면서 답장을 써 주세요.

1) [역주] '이야기치료'라고도 번역된다.

요약

온라인상담은 문자와 밀접한 관계가 있으며, 작성된 글이라는 특유의 경로를 통해 상담이 진행된다. 단어를 타이핑하고 화면에 찍히는 글을 다시 읽어 보고 그 글이 화면상에 남아 있는 것을 보는데, 이러한 실질적인 활동 자체가 자신이 하는 이야기에 힘과 무게를 실어줘서 내담자에게 보탬이 된다. 글쓰기 작업을 통해 내담자는 자신의 이야기와 감정을 파악하고 명료화하며, 이전의 시각을 탐색하고, 직면하고, 평가하고, 논박할 수 있다. 이렇게 함으로써 내담자는 말하지 못했던 것을 말하게 되고, 숨겨 둔 감정을 방출시키며, 자신을 괴롭히는 문제에 대한 가장 깊은 고민을 나누게 된다. 이런 작업을 할 때 온라인상담의 관계가 중요하다. 연구에 의하면, 내담자는 각자 마음속에 '이상화된' 치료자 상을 그려 본다고 하며(Gross & Anthony, 2003), 그들이 컴퓨터 앞에서 혼자 작업을 할 때 바로 이 이상적 치료자와의 관계가 도움이 된다.

연습 활동

치료적 글쓰기 작업의 실제 적용

- 치료적 글쓰기 작업을 제안하기 전에 내담자가 이 작업에 참여할 마음이 있는지 평가해 보기 바랍니다.
- 따라 하기 쉬운 명료하고 단순한 지시문을 제공하세요.
- 작업 단계별로 문서 양식(예, 다양한 글머리 기호 등)을 활용하세요.
- 치료적 글쓰기 작업을 마치면 자신에게 보상을 주도록 권고하세요.

7장

이미지와 사운드를 활용하여 온라인 치료 작업하기

컴퓨터와 인터넷의 특징 중 하나는 이미지 및 사운드 파일을 쉽게 만들고 저장하고 다른 컴퓨터로 보낼 수 있다는 것이다. 이 장의 첫 번째 부분에서는 온라인상담에서 이미지와 소리를 활용하는 방법 몇 가지에 대해 논의하고, 두 번째 부분에서는 실제로 이미지와 사운드를 생성, 저장, 보관 및 다른 컴퓨터로 전송하는 방법에 대해 알아볼 것이다.

상담자의 수련 이력과 내담자 선호도를 함께 고려하여 온라인 작업에서 이미지나 사운드의 활용 여부를 결정하면 된다. 시각적인 방식으로 자신을 표현하는 편이거나 사진이나 음악 링크를 보내오거나 음성회의 또는 화상회의를 요청해 오는 내담자라면 이런 방식을 선호할 수 있다. 상담자에 따라, 이미지와 사운드 작업방식에 수용적인 내담자에게만 이 방식을 적용하는 상담자도 있고, 또는 일반적 치료 과정에서 이미지와 사운드를 두루 사용하는 상담자도 있다.

창의적 온라인 예술치료 작업

오디오와 비디오를 통한 접촉이 모두 가능할 때는, 치료자[1]와 내담자가 서로를 보고 들을 수 있으므로 온라인상담이 새로운 국면에 접어든다. 창의적 예술치료(Creative Art Therapy, CAT)에는 모든 종류의 예술적 수행(음악, 무용, 연극, 미술, 시 등)이 다 포함되므로, 컴퓨터 매개 이미지와 사운드를 최대한 활용할 수 있다. 온라인상담 기업(Counseling Online Ltd)에서 일하는 동료인 Alex Chew는 이미 수년 전부터 온라인 내담자들과의 작업에서 이 방법을 적용해 왔다. 컴퓨터를 다루는 기술적 숙련도나 자신감에 있어서 내담자별로 차이가 있기 때문에, Alex는 우선 내담자의 컴퓨터 지식과 자신감, 그리고 이러한 치료작업에 대한 적합성부터 평가하고 파악한다. Alex는 내담자의 컴퓨터 숙련도에 맞춰 치료작업을 조정한다. 예를 들어, 만일 내담자에게 광대역 연결 서비스[2]가 없다면 Alex는 비실시간 이메일로 작업을 진행하며, 실시간 회기가 가능한 경우 인터넷전화나 인스턴트 메신저 프로그램으로 진행한다. 광대역 연결 서비스도 있고 자신감도 충분하다면, Alex가 내담자

1) [역주] 심리상담 분야에서 치료자(therapist)는 Counselor(상담자)와 같은 의미로 볼 수 있다.

2) [역주] 최근에는 인터넷 기술의 발달로 거의 대부분의 가정이나 장소에 광대역 연결 서비스가 제공된다.

요구에 조율해서 사전에 준비해 둔 웹사이트 공간에서 작업할 수 있다. 창의적 예술치료에서 화이트보드는 상담자와 내담자가 함께 작업할 수 있는 공유 공간이다. 예를 들어, 화이트보드를 3개의 화면으로 분할해서 그중 한 면은 비워 두고, 비어 있는 한 면에는 내담자가 무엇이든 그리거나 채울 수 있다. 또 화이트보드에 비어 있는 말풍선을 담은 만화 그림을 보여 주면서 내담자로 하여금 말풍선을 채워 이야기를 만들게 할 수 있다. 화이트보드 이미지는 각자의 컴퓨터에 저장했다가 추후 작업에 사용하거나 다시 검토해 볼 수도 있다. 이 장 뒷부분에 화이트보드의 그림을 제시하였다.

치료자가 창의적 예술치료 작업을 시도하는 경우, 먼저 내담자의 무의식을 개방하기 위해 회기를 시작할 때 이완훈련이나 심상훈련을 실시한다. 온라인상에서 실시간으로 이완훈련이나 심상훈련을 실시할 때는 웹캠을 통해 오디오와 비디오가 연결되어 있어야,[3] 치료자가 내담자를 보고 호흡을 관찰하여 내담자가 충분히 이완되어 치료작업을 할 수 있는 준비가 됐는지 평가할 수 있다. 이런 치료작업의 예로, 주로 사용하지 않는 손으로 그림을 그리게 하여 어린아이 시절의 감정을 되살리게 하는 것이 있다. 온라인상에서는 내담자에게 종이에 그림을 그린 후 치료자가 볼 수 있게 그림을 웹캠 앞으로 들어 올려 보도록 요청하면 된다. 치료자는 내담자에게 내면아이와 접촉하고 그림이 불러일으키는 느낌이면 무엇이든지 말하도록 격려하며, 내담자가 부드러운 돌봄과 재양육을 경험할 수 있게 한다. 다음에 주로 사용하지 않는 손으로 그린 '내가 행복했을 때'라

3) [역주] 최근에는 기술의 발전으로 가정용 PC뿐만 아니라 개인 휴대용 모바일 기기에서도 음성과 영상 연결이 일반화되어 있다.

'내가 행복했을 때'

는 제목의 그림 예가 제시되어 있다. 내담자는 어렸을 때 자신이 유일하게 행복했던 기억은 강아지를 산책시키면서 자신을 괴롭히고 으스대던 언니들이 있는 집에서 멀리 떠나갔을 때라고 덧붙였다.

화이트보드는 무작위로 선택한 사진들(예, 영국 드라마치료 웹사이트인 www.badth.org.uk에서 이용 가능한 사진들)을 이용해서 이야기를 만드는 용도로도 활용할 수 있다. 내담자는 회기 도중 한 번에 6장의 카드를 골라 6부작 단일신화 이야기(부처, 모세, 그리스도의 이야기 등 세계 각지의 서사에서 찾을 수 있는 영웅적 이야기를 일러 Joseph Campbell이 한 말)를 만들어 낼 수 있다. 내담자가 어떻게 이야기를 이어 나가고 어떠한 자기파괴적인 주제가 포함되느냐에 따라, 치료자는 마이크가 있는 경우에는 상호 이야기 나누기를 통해, 마이크가 없는 경우에는 화이트보드 채팅창에서 채팅을 통해 치유 경험을 제공한다. 또 다른 방법으로, 치료자와 내담자가 이야기를 함께 만들어 갈 수도 있으며(채팅이나 음성통화 모두 가능), 내담자가 이야기를 전혀 진척시키지 못할 때는 치료자가 여러 가지 선택지를 제시하고 그중 하나의 결말을 선택하도록 할 수도 있다.

온라인 이미지로 작업하기

어떤 내담자는 글보다 이미지를 통해 더 쉽게 생각하고 표현하며, 이러한 내담자의 특성을 온라인상담자가 파악했다면, 언어를 대체해서 풍부한 표현을 할 수 있도록 하거나 언어 표현을 촉진하는 데 이미지를 활용할 수도 있다. 사진과 같은 이미지는 추억을 불러일으키고 사진을 찍은 이후 억압해 두었을 수 있는 감정에 접촉할 수 있게 해 준다. 좋아하는 영화를 DVD나 TV로 다시 보면, 현재 새롭게 느끼는 감정과 함께 예전에 영화를 봤던 때의 느낌도 떠오르게 된다. 화이트보드에 가족 구성원을 상징적으로 표현하면(이 장의 뒷부분의 예시 참조), 표현하지 않았다면 몰랐을 가족 관계의 어떤 측면이 드러나기도 한다.

이미지는 물감, 크레용, 콜라주에 적합한 물건들이나 기타 예술 재료를 이용하여 만들 수 있다. 이 간단한 재료들을 사용하는 경험은 내담자에게 어린 시절을 떠올리게 하여, 자라면서 묻혀 있던 창의성도 자유로이 드러낼 수 있게 된다. 이미지는 그것이 불러일으킨 감정을 통해, 의식적 감정이나 방어기제를 지나 무의식적 경험이나 기억에까지 이르러 작업할 수 있게 해 준다. 이미지는 잊어버렸거나 말로 표현할 수 없는 것을 끌어내고, 어떤 주제, 즉 과거 고통스러웠던 사건 또는 경험의 기억이나 현재의 부적응적 반응 패턴에 대해 더 깊은 이해와 넓은 시야를 갖게 해 준다. 이미지 작업을 할 줄 아는 치료자는 내담자에게 치료작업 관련 이미지들을 파일로 첨부해서 보내도록 한 후, 이후 실시간 회기에서 각자 이미지를 보면서 이에 대해 논의할 수 있다.

사진(특히 어린 시절에 찍은 사진)은 치료에 유용하며, 실제 사진을 스캔하여 디지털 파일로 변환하면 인터넷을 통해 공유할 수 있다. 디지털 파일은 한 컴퓨터에서 다른 컴퓨터로 쉽게 복사, 이동할 수 있다. 디지털 사진은 적절한 크기로 축소한 후 공유하기도 쉽다. 사진은 다양한 방법으로 사용될 수 있는데, Judy Weiser(1999)의 저서에는 면대면 환경뿐 아니라 온라인상에서 사용할 수 있는 다양한 방법들이 제시되어 있다. 그녀는 내담자가 억압했던 무의식적 감정에 다가갈 수 있게 해 주기 위해 실제 치료에 사진을 활용했다. 무의식적 감정을 의식적인 치료의 장으로 불러내면, 감정을 탐색하고, (현시점에서) 다른 방식으로 이해할 수 있으며, 변화시켜서 감정의 '금지' 구역을 더는 구분하지 않게 된다. Weiser는 치료자가 이 방법을 쓸 때 선입견이나 유도 질문 없이 자연스러운 궁금증을 표현하는 정도의 역할에 머물러야 한다고 했다. 그렇게 하면 내담자는 이미지 선택의 숨은 의미를 탐색하고 자신만의 의미와 관점을 찾아낼 수 있다. 내담자가 새로운 의미를 찾아내고 나면, 치료자가 찾아낸 연결고리는 그 후에 논의할 때 무엇이든 다룰 수 있다.

이미지로 작업하기 온라인 코스 시범 운영 기간에, 담당 튜터는 '내가 물려받은 특성'이나 '내 자녀에게 물려주고 싶지 않은 특성'을 담은 이미지, 또는 '슬픔이나 기쁨, 고요함, 분노'와 같은 감정에 대해 연상되는 이미지를 보내 달라고 참여자들에게 요청했다. 그중 한 이미지가 다음 사진이다.

이미지를 보낸 집단 구성원은 다음과 같이 얘기했다.

내 자녀들이 이 나무처럼 성장하기를 바라며, 사람들 앞에 서기를 두려워하지 않고, 중요하다고 믿는 것을 고수했으면 좋겠어요. 어렸을 때 나는 이 그림에 있는 주변 나무들처럼 배경에 어우러지면서 행복감을 느꼈지요. 내 생각은 무시하고 주장적인 친구들의 생각을 따라가다 보니 나는 그렇게 튀지 않았어요. 심지어 나는 내가 틀렸다고 스스로 말하곤 했죠. 이제는 알겠어요, 때로는 내가 옳을 때도 있다는 것을.

연습 활동

내가 물려받은 특성 또는 내 자녀에게 물려주고 싶지 않은 특성을 상징하는 그림이나 사진을 찾아보세요. 그리고 그것의 의미를 담은 글과 함께 당신의 '상담자용 이메일' 주소로 첨부해서 보내 보세요.

개인상담에서 이미지는 상담자와 공유되며, 그들이 이미지를 선택한 감정적인 근거와 배경 주제는 치료 회기 내 논의의 초점이 된다. 상담자들은 자신들의 웹사이트(치료의 목적에 따라 맞춤형 이미지 모음집 제공)에서 내담자에게 이미지를 고르라고 할 수도 있고, 만일 내담자의 선택에 제한을 두고 싶지 않다면 인터넷상에서 직접 이미지를 찾아보라고 할 수도 있다.

세컨드라이프와 기타 가상현실 커뮤니티

이미지와 사운드를 치료적 목적으로 활용할 수 있는 또 다른 플랫폼으로 가상현실 커뮤니티를 들 수 있는데, 이 중 가장 유명한 것은 세컨드라이프(Second Life)[4)]이다. 다른 가상현실 커뮤니티는 온라인 게임, 특히 롤플레이 유형의 게임에서 찾아볼 수 있다. 가상현실은 교육 장면에서도 활용되어 왔다. 의료 및 항공 산업에서 외과의사와 파일럿은 복잡한 수술을 연습하거나 새로운 도구 사용법을 배우기 위해 가상현실 시뮬레이터를 사용해 왔다. 이 기술은 나중에 게임 산업계에 의해 레저용으로 발전되기도 하였다.

온라인 접속이 가능한 정교한 가상현실 커뮤니티가 발전되면서 온라인상담자들에게도 내담자를 구하는 새로운 방도가 생겼는데, 그중 아마도 가장 활발한 커뮤니티는 세컨드라이프(http://www.secondlife.com)이며, 상담자 중 일부는 여기에 가상현실 상담소를 개원하고 있다. 세컨드라이프의 가상 커뮤니티에 입장하려면, 사용자들은 프로그램을 내려받아 설치하고, 자신을 가장 잘 드러내주는 아바타[5)]를 선택한다. 아바타는 그 움직임과 제스처를 키보드

4) [역주] 2003년에 린든 랩(Linden Lab)이 개발한 인터넷 기반의 가상세계를 의미한다. 세컨드라이프 뷰어라는 클라이언트 프로그램을 거쳐 사용자(거주자)는 자신의 아바타를 만들어 현실과 같은 환경에서 자신이 하고 싶은 행위를 한다. 거주자는 다른 거주자들을 만나고 개인이나 그룹 활동에 참여하며, 가상 자산과 서비스를 창조하고 다른 이와 거래할 수도 있다. 세컨드라이프 외에도 최근 다양한 가상현실 서비스가 등장하였다.

5) [역주] 사이버 공간에서 사용자의 분신처럼 사용되는 가상 자아를 의미한다. 보통 그래픽 아이콘이나 캐릭터로 표현된다.

로 조종할 수 있고 컴퓨터 화면 속 세컨드라이프 사용자들의 세상을 자유롭게 돌아다니면서, 화면 또는 음성 채팅을 선택해서 소통도 할 수 있다. 세컨드라이프는 비록 얼핏 보기에 게임처럼 보이지만 온라인 게임은 아니며, Robbins와 Bell(2008)의 『바보들을 위한 세컨드라이프』에서는 그 용도에 대해 다음과 같이 밝히고 있다: '세컨드라이프에서 정확히 뭘 할 수 있냐고요? 음, 당신은 두 번째 인생을 살게 됩니다. 현실 세계에서 할 수 있는 것은 무엇이든지(설거지, 부동산 구매, 직업 구하기, 결혼 등) 세컨드라이프에서도 할 수 있습니다.' 다음 그림에서 가상세계(아바타들이 심리상담을 진행하는 세팅이다) 속 두 아바타의 모습을 볼 수 있다.

내담자는 가상 커뮤니티를 활용하여 새로운 행동을 시연해 보고 연습해 볼 수도 있다. 인지행동치료자들은 세컨드라이프가 공포와 불안(예, 사회불안)에 직면하려는 내담자에게 매우 유용하다고 보았으며, 직면하기를 과제로 주거나, 또는 세컨드라이프의 가상 상담소에서 치료자와 실시간 회기를 진행하면서 공포증에 직면하도록 할 수도 있다. 인지행동적 접근에만 국한된 것은 아니고, 다른 접근 방식의 상담자들도 자신이 실제 현실 세계에서 상담할 때 사용해 온 방식과 유사한 방식으로 세컨드라이프를 활용해서 작업한다. 또한 익명성, 온라인상에서의 탈억제, 아바타의 이동이나 외모를 자유롭게 꾸밀 수 있는 점 등으로 인해 내담자는 해방감을 느끼고 현실 세계에서는 접근이 어려웠던 내적 측면들을 드러낼 수 있게 된다.

치료자들은 세컨드라이프를 활용하여 장애물이 있는 가상의 세계를 창조하거나(예, 창의적 예술치료자들은 내담자와 함께 치료적 여행을 떠날 수 있다), 빈의자기법을 적용하여 실제 회기 내에 제3의 아바타(내담자의 인생에서 중요한 사람들)를 초대하거나, 최악의 공포에 내담자가 직면할 때 동반해 줄 수도 있다.

세컨드라이프 같은 가상현실 커뮤니티를 치료적으로 활용하는 것 외에도, 실생활에서 핸디캡(예, 신체적 장애, 의사소통 문제 등)을 경험하는 사람들의 사기를 북돋아 주는 데도 가상현실 커뮤니티를 이용할 수 있다. 사용자가 직접 선택한 아바타는 그 특성도 전적으로 사용자가 결정할 수 있으며 현실의 장애(신체적이든 정서적이든, 보이는 것이든 보이지 않는 것이든)를 견뎌 내는 데 도움이 될 수 있다. 세컨드라이프 사용자들과 치료적으로 작업하는 온라인상담자라면 향후 내담자를 도와 현실 세계에서 감추어져 있던 자신의 일부에 직면하거나 도전하도록 도울 뿐만 아니라, 세컨드라이프와 현실 세계의 중요성이 역전될 가능성도 있음을 받아들여야 한다. 내담자가 가상세계에서 얻은 새로운 이해와 통찰을 현실 세계에 접목할 수 있게 돕는 것(이런 과정이 발생하더라도 이에 대한 논의 없이)에서 세컨드라이프 아바타에게만 해당하는 문제를 다루는 쪽으로 초점이 이동할 수도 있다.

이미지와 사운드 파일을 만들고 공유하기

실제 활용 시에 이미지와 사운드 파일을 작업에 효과적으로 사용하려면 상당한 수준의 컴퓨터 능력이 필요하다. 내담자가 기술적인 부분에서 부족함이 있을 때는 상담자가 기술을 알려 줄 수도 있어야 한다. 이미지와 사운드는 컴퓨터에서 파일로 제작하거나 저장할 수 있고, 다른 컴퓨터와 실시간(화이트보드, 웹캠, 인터넷전화 헤드셋 연결 등 활용) 또는 비실시간(파일을 이메일로 직접 첨부하거나 파일에 접근할 수 있는 웹사이트의 URL 링크를 메일로 알려 줌)으로 공유할 수도 있다.

이미지 파일의 크기 조절, 보내기, 받기

온라인상에서 이미지를 이용해서 작업하려면, 인터넷을 통해 전송할 수 있게 이미지 파일 크기를 조정하는 방법을 알아 두어야 한다(파일 크기가 크면 파일을 보내고 받는 데 시간이 오래 걸리며, 전송 중 파일 일부가 손실될 수도 있다). 이미지는 인스턴트 메신저상에서 파일 공유 기능을 사용하여 실시간으로 전송할 수도 있고, 또는 파일로 첨부하여 이메일로 보낼 수도 있다(이메일 프로그램에서 열어 봐야 함). 이미지 파일에는 파일이 이미지임을 알리는 확장자가 붙어 있는데(.jpg, .tiff, .gif 등), 확장자를 보면 데이터가 보내지는 방법을 알 수 있다. jpg 형식의 파일은 jpeg 파일이라고도 하며, 압축 형식으로 파일 크기를 작게 만들 수 있다.

대용량 이미지 파일은 인터넷 전송 시 시간이 걸릴 수 있다. 파일 크기를 줄이려면 그림판이나 포토샵과 같은 이미지 제작 소프트웨어상에서 '다른 이름으로 저장하기' 메뉴를 클릭하고 이미지를 jpg 파일 형식으로 저장하면 된다. 파일을 저장할 때 이미지 해상도도 지정할 수 있다.

메신저 프로그램의 이모티콘부터(3장 참조) 손으로 그린 그림이나 사진까지, 이미지는 모두 온라인 전송이 가능하다. 사진의 경우, 디지털 카메라로 찍은 사진 이미지도 있고, 웹사이트에서 제공되는 공개 이미지도 있으며, 인쇄된 사진의 경우 스캔하여 파일로 변환하면 된다. 이론적으로 웹사이트의 내용은 무엇이든 복사와 저장이 가능하다. 하지만 이미지에 저작권이 있는 경우, 이미지 사용 전에 소유자에게 우선 허락을 구해야 한다. 이미지를 개인적인 용도로만 사용하는 경우 현실적으로 저작권 소유자에게 허락을 구하는 경우는 드물다. 어떤 이들은 이미지 공유 사이트에 올라와 있는 이미지들을 사용하기도 한다. 이 이미지들은 누구나 사용할 수 있고, 일반적으로 파일 사이즈는 크지 않다(이미지 파일의 크기를 알고 싶다면, 파일에 마우스를 대고 우측 버튼을 클릭하여 '속성' 메뉴를 확인해 보라).

스캐너와 디지털 카메라로 작업하기

스캐닝을 통해 이미지를 얻을 수 있다(스캐닝 과정은 이미지를 컴퓨터에 저장할 수 있는 파일로 만드는 것임). 인화된 사진이나 종이에 그린 그림을 스캔할 수 있고, 때로는 스캐너 평판 위에 물체를 직접 올려놓고 스캔할 수도 있다. 스캐너를 구입하면 해당 스캐너 기능을 구현시켜 주는 소프트웨어를 제공하며, 사용자는 이미지를 컴퓨터 내 어느 곳에 저장할지만 지정해 주면 된다. 컴퓨터의 바탕화면에 저장해 놓는다면 이미지 파일을 쉽게 찾을 수 있고, 그림판 프로그램을 이용해서 이미지를 쉽게 열 수도 있으며, 필요한 경우 사이즈나 파일 형식을 지정할 수도 있다.

이와 유사하게, 디지털 카메라 역시 유용한 이미지 제작 장치이다. 일단 컴퓨터에 파일을 저장했다면, 파일 공유 전에 이미지 파일의 크기가 적당한지만 사용자가 확인하면 된다.

화이트보드로 작업하기

메신저 프로그램 대부분에는 화이트보드 기능이 있다(오디오 및 웹캠 기능과 함께). 사용자들은 자신의 컴퓨터 화면 앞에 앉아서 메신저로 대화할 때 화이트보드를 열 수 있고 도구를 사용하여 문자나 그림을 그려 낼 수 있다. 그리기 도구를 활용하면 도형(예, 원이나 사각형)을 그릴 수 있고, 선이나 모양에 다른 색깔을 칠할 수 있으며, 마우스로 그리기를 하거나, 문자 타이핑도 가능하다. 어떤 화이트보드는 사용자가 그 내용을 복사하거나 붙여넣기 할 수도 있다. 화이트보드 내 그려진 도형들은 쉽게 옮기거나 사이즈를 조정할 수 있으며, 글자도 옆에 써 넣을 수 있다. 다음에 가상의 내담자가 가족 구성원을 원으로 표시하고 이름을 붙여 놓은 화이트보드 화면의 예가 제시되어 있다. 상단에 화이트보드 도구 상자가 보이는데, 다양한 기능을 담고 있으며, 각 기능을 활용하고 싶으면 해당 아이콘을 클릭한 후 기능을 실행하면 된다.

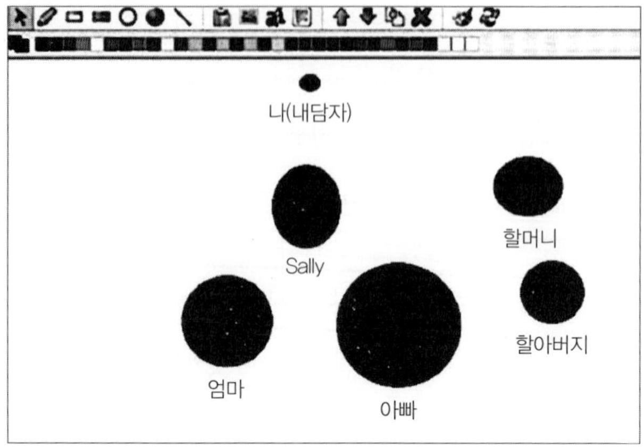

이 그림 예시에서 상담자와 내담자는 인스턴트 메신저를 통해 만나서 메신저 채팅 창에서 대화를 하고 있다. 다음에 이들의 대화 일부를 제시하였다.

내담자: 저 자신을 매우 작게 표시했네요, Sally가 저보다 관심을 더 받았어요...

내담자: Sally는 어렸을 때 아팠고, 그래서 아빠가 안 계시고 엄마가 일할 때는 할머니나 할아버지가 오셔서 그녀를 돌보곤 했죠...

내담자: 모두들 바빴어요.

(긴 침묵)

상담자: 모두가 바빴군요. 그런데 당신은 그림의 가장자리 부근에 위치해 있네요.

내담자: 예... 가장자리... 가족의 가장자리가 맞죠.

내담자: 누구도 일부러 그런 것은 아니지만, 다들 Sally 주변에만

있었고, 아버지가 오실 때는 아버지 옆에 있고, 저는 가장자리로 밀려난 느낌이었어요.

연습 활동

당신이 바로 앞 대화에서 상담자라고 할 때, 이번 회기를 마치면서 내담자에게 어떤 숙제를 내 줄 수 있을까요?

웹캠과 비디오로 작업하기

웹캠 역시 치료에 활용될 수 있으며, 서로 얼굴을 보는 용도 외에도 상대에게 그림을 들어 보여 주는 데도 사용할 수 있다. 이런 방식은 즉석 공유가 가능해서, 내담자가 과제로 이미지를 미리 준비해 왔거나 회기 중에 직접 손으로 그림을 그리는 실시간 회기를 진행할 때 유용하다. 웹캠으로 실시간 회기를 진행할 때는 상담자와 내담자 모두가 비디오 매체의 한계, 즉 간혹 회기 도중 이미지나 사운드가 제대로 전달되지 않을 수 있다는 점을 받아들여야 한다. 어떤 내담자들은 직접 동영상을 제작해서 보내기도 하며, 자신들에게 의미 있는 어떤 영상을 봐 달라고 요청하기도 한다. 이런 작업을 하려면 웹서버의 경우 대용량 파일 처리가 가능해야 하며, 유튜브와 같은 공개 사이트에 영상을 올려놓을 수도 있다. 이처럼 인터넷이라는 자원을 활용하여 면대면상담 회기에서보다 더 다양한 내담자의 측면을 볼 수 있게 되었다.

사운드 파일 보내고 받기

사운드[6] 파일을 보내고 받는 방식은 이미지 파일과 유사하다. 컴퓨터에는 대부분 사운드카드가 내장되어 있어서 사용자들은 사운드 파일을 따로 녹음하지 않고도 소리를 들을 수 있다. 따라서 소리를 재생하려면 자기 컴퓨터의 녹음 소프트웨어 작동방식을 알면 된다. 사운드 파일의 경우에도 다양한 형식이 있으며, 가장 널리 쓰이는 형식은 mp3 압축 형식이다. 다른 형식의 파일(.wav., .aiff., .au 등)도 가능한데, 공개 소프트웨어를 사용하여 mp3 형식으로 변환할 수 있다. 어떤 내담자들은 자신이 직접 녹음한 파일을 보내기도 하고, 자신에게 특별히 의미 있는 음악을 보내기도 하며, 또는 음악의 이름과 음악을 들을 수 있는 웹사이트 링크(URL)을 보내기도 한다.

공개 소프트웨어(예, Skype)를 활용하여 실시간 음성 회기를 진행할 수 있고 녹음도 가능하다.[7] 녹음을 mp3 파일 형식으로 변환하여 내담자에게 다시 보내 복습하도록 할 수도 있다. 이런 식으로 파일을 보낼 때는 보안에 주의해야 하며, 따라서 암호화 기술을 제공하는 소프트웨어나 웹서버를 이용해야 한다.

이 장에서는 온라인 치료에서 이미지와 사운드를 활용할 수 있

6) [역주] 이미지(image, 그림)와 사운드(sound, 소리)는 외래어 그대로 사용하였다. Audio의 경우 '음성'으로 번역하였다.

7) [역주] 최근 기술의 발달로 화상 회기를 충분히 진행할 수 있으나, 내담자의 선택으로 얼굴은 보여 주지 않고 음성으로만 회기를 진행할 수도 있다.

는 방법들에 대해 논의하였다. 그리고 컴퓨터 기술을 활용할 때의 기술적 문제나 어려움도 살펴보았다. 이제는 온라인상담자가 어떻게 상담 작업에 대한 지원과 지도감독을 받을 수 있는지 궁금할 것이다. 이에 대해서는 다음 장에서 다루겠다.

연습 활동

온라인상에서 사운드와 이미지를 사용하고자 한다면

1. therapeuticairwaves.blogspot.com을 방문하여 온라인상담에 대한 논의들을 읽어 보세요.
2. 웹캠이 있다면 자신을 소개하는 짧은 영상을 만들어 웹사이트에 올리고 방문자들이 볼 수 있게 해 보세요.
3. 세컨드라이프(www.secondlife.com)를 방문하여 기본적인 것을 둘러보세요.

8장
온라인으로 슈퍼비전하기

자격과 경험을 갖춘 전문가의 경우, 모든 국가에서 슈퍼비전(supervision, 지도감독)[1]을 강제하는 것은 아니다. 그러나 내담자와의 작업에서 상담자가 최상의 결과를 이끌 수 있게 하는 데 있어 슈퍼비전이 도움이 되는 것은 기정사실이다. 슈퍼비전은 상담 작업을 되돌아볼 수 있는 기회가 되고, 내담자, 윤리적 문제, 상담 과정 등에 있어 간과해 버릴 수 있는 것들을 놓치지 않게 해 주기도 한다. 상담자가 자신을 개방하고 솔직해지는 동시에 새로운 도전과 전문성의 발전도 이루기 위해서는 그만큼 슈퍼비전 관계가 안전한 것이어야만 한다.

1) [역주] 슈퍼비전은 지도감독으로 번역되나 외래어 슈퍼비전으로도 많이 사용되므로, 문맥에 따라 적절하게 혼용하였다. 슈퍼바이저는 지도감독자를 의미한다.

이 장의 사례들은 저자 중 한 명인 Anne Stokes의 슈퍼비전 작업을 소개한 것이며, 여기서 '나'라고 하는 것은 Anne을 말한다.

온라인 슈퍼비전

'온라인 슈퍼비전'이라는 표현은 여러 의미로 해석이 되는데, 어느 것이 낫다거나 옳고 그른 것이 있는 것은 아니다. 첫째, 온라인 작업(online work)에 대한 면대면 슈퍼비전을 들 수 있는데, 이것은 면대면 슈퍼비전 상황에서 면대면 내담자 사례를 슈퍼비전하는 것과 거의 같다. 다음으로, 온라인 내담자 사례에 대해 온라인으로 시행하는 슈퍼비전을 들 수 있다. 그리고 마지막으로, 면대면 사례와 온라인 사례 모두를 포함하여 온라인으로 슈퍼비전을 하는 경우를 들 수 있다. 영국의 경우에, 온라인상담 및 심리치료에 대한 BACP[2] 가이드라인(2005)이 있는데, 이것을 읽어 보면 도움이 될 것이다.

온라인상에서 상담자로 활동하면서 드는 생각은 반드시 온라인 슈퍼바이저를 구해야 한다는 것이다. 온라인 작업을 해 보지 않은 슈퍼바이저가 온라인상담에 대해 효과적인 슈퍼비전을 해 줄 수 있을지 염려되는 것이고, 실제 슈퍼비전의 효과에 대해 의구심을 느꼈던 사례도 있었다. 내담자와 작업했던 것과 동일한 매체를 통해 슈퍼비전을 진행한다면, 마치 병렬처리 하듯 상담 도중 벌어지는 현상을 더 쉽게 짚어 낼 수 있을 것이다. 만일 당신의 담당 면대면

2) [역주] 영국상담및심리치료협회(British Association for Counseling and Psychotherapy)

슈퍼바이저가 온라인상담 방식에는 호의적인 태도이되 내담자를 온라인상담해 본 경험이 없는 분이라고 한다면, 온라인상담에 대한 슈퍼비전만 온라인으로 진행해 보자고 제안해 보는 것도 좋다.

일반적으로, 면대면 내담자에 대해 온라인 슈퍼비전을 추천하지는 않는다. 하지만 면대면 작업에서 온라인 슈퍼비전의 이점도 있다. 예를 들어, 내가 일을 시작한 초반에 훌륭한 슈퍼바이저가 계셨지만, 여러 기관에서 일하기 시작하면서 온라인상담에 대해서는 오히려 내가 더 많은 경험을 갖추게 되었다. 하지만 필요한 업무 경험을 갖춘 다른 슈퍼바이저는 주변에서 구할 수가 없었다. 당시 나를 지도감독해 줄 수 있는 사람을 온라인상에서 만날 수 있었다면 정말 좋았을 것이다. 그들이 있는 곳이 어디이건 문제가 되지 않았을 것이다. 자신의 거주지역에서 슈퍼바이저를 찾기 어려운 상담자들에게는 온라인 슈퍼비전이 매우 유용할 것이다. 또 다른 경우, 슈퍼바이저나 수련생(supervisee)[3)]이 지역을 옮겼을 때도 온라인 슈퍼비전이 유용하다. 새로운 면대면 슈퍼바이저를 찾을 때까지, 온라인 슈퍼비전이 그 빈 공간을 메꿔 줄 수 있다.

이 장에서 예로 들고 있는 한 슈퍼바이저는, 이메일과 실시간 온라인 회기를 통해 대면상담 내용에 대해 온라인으로 지도감독한 경험에 대해 논평하기도 했다. 수련생이 실시간 회기가 더 좋았다고 보고한 한편, 슈퍼바이저 입장에서는 수련생이 작업에서 어떤 부분에 초점을 맞추어야 하는지, 그리고 어떤 부분은 별로 중요하지 않은지를 판가름하는 데는 이메일이 훨씬 용이했다고 한다.

3) [역주] supervisee는 슈퍼비전을 받는 사람을 의미한다. 외래어 슈퍼바이지로 그대로 표기하기도 하지만 여기서는 수련생으로 번역하였다.

그렇다면 온라인 슈퍼비전에 대한 전문적 입장은 어떠한가? 영국에서 BACP의 경우 온라인 슈퍼비전을 허용하지만, 여전히 온라인 작업에 한정해서 온라인 슈퍼비전을 선호하는 것으로 보인다. 온라인 슈퍼비전은 내담자를 온라인으로 상담하는 이들에게 가장 적합하다. 면대면상담의 온라인 슈퍼비전에 관해서 명문화된 '규정'은 없는 듯하다. 면대면 슈퍼비전의 사리와 윤리적인 기준에 합당하게 준비된 온라인 슈퍼비전 사례라면, 전문가 집단에서도 전문적인 기준에 어긋나지 않는다고 인정해 줄 것이다. 이런 의미에서 온라인 슈퍼비전은 아직 걸음마 단계이며, 소속 국가의 전문가 집단에 확인해 볼 필요가 있다. 만약 당신의 국가에서 슈퍼비전이 필수는 아니라면 이런 고민은 하지 않아도 될 것이다.

어떻게 작업하는가

온라인 슈퍼비전은 두 방식으로 할 수 있는데, 그 두 방식이 상호배타적인 것은 아니다. 슈퍼비전도 온라인상담과 정확히 같은 방식으로 실시간 온라인 회기 또는 이메일을 통해 이루어진다. 실시간 온라인 회기의 경우, 수련생은 면대면상담을 예약할 때처럼 실시간 회기 약속을 잡는다. 그 후에는 메신저 또는 전용 온라인 화상회의실을 이용하여 슈퍼비전을 진행한다. 4장에서 실시간 작업에 대해 다뤘던 내용이 여기에도 똑같이 적용된다. 수련생이 내담자와 실시간 작업을 한다면, 슈퍼비전도 마찬가지로 실시간 진행하는 것으로 정하는 게 좋다(다음 축어록 참조[4]). 슈퍼바이저 멘트 중 질문 부호가 달린 것은 잠정적 의견임을 나타내는 것이다.

Lisa: 아마도, 새 온라인 내담자 말인데요...

Lisa: 뭐라고 표현해야 할지...

Lisa: 그녀가 계약을 읽어 보기는 한 건지 모르겠어요. 금요일에는 근무 시간 때와는 달리 응답하기가 여의치 않거든요...

Lisa: 첫 메일에서는 계약을 포함해서 읽어 볼 게 많았으니까요. 이번에는 읽어 봤으려나 모르겠네요...

Anne: 그럴 수도 있겠네요...

Anne: 생각 좀 해 봅시다.

Lisa: 저도요.

Anne: 음 좀 불확실한 얘기이긴 한데...

Anne: 그녀가 대화의 후반부를 듣지 못한 건 아닐까요? 그래서 사람들이 못 참고 다른 어떤 얘기보다도 형식적이고 사무적인 얘기부터 하는 거고, 그러니까 그녀는 자신의 인간적인 얘기는 사람들이 안 들어 준다고 느끼게 되고?(에고, 문장이 너무 길어졌네요)

Lisa: 문장길이 ㅋㅋㅋ. 제가 그녀와 연락했을 때랑 마찬가지인 거군요.

면대면 작업과 마찬가지로, 온라인 슈퍼비전 회기도 전반적인 사항에 관한 몇 가지 정보 교환부터 하면서 시작하는데, 잘 지냈는

4) [역주] 여기서 지도감독자(Anne)와 수련생(Lisa)는 인스턴트 메신저로 실시간 채팅을 통해 슈퍼비전을 진행하고 있는 것이다. 요즘에는 채팅보다는 Zoom이나 Google Meet와 같은 실시간 화상회의 프로그램을 더 많이 사용한다.

지, 업무 부담이 과중하진 않은지, 새로 익히고 배워야 할 것은 없는지, 앞선 회기에서 논의하였던 것을 실행해 보았는지 등을 점검한다. 그다음 이번 회기의 목표를 설정한다. 해당 회기에 다룰 내용이 많을 때는 어떻게 시간 분배를 했으면 좋겠는지 수련생의 의견을 묻기도 한다. 회기를 마칠 무렵에는 면대면 작업에서와 마찬가지로 중요한 사항들을 짚어 본다. 그날 슈퍼비전에서 목표했던 바를 잘 달성했는지와 다음 슈퍼비전에 다시 강조해서 다루고 싶은 주제가 있는지를 점검하는 것도 중요하다.

대부분 슈퍼비전 시작 전에, 슈퍼비전 회기를 통해 원하는 바를 담은 이메일을 수련생이 보내는데, 이때 내담자와의 최근 메신저 또는 이메일 회기 내용을 첨부하기도 한다. 이를 통해 실시간 슈퍼비전 진행 시 빠르게 초점을 잡을 수 있다. 그렇다 해도 슈퍼바이저는 수련생이 우선 다루기를 바라는 부분이 무엇인가를 꼭 확인해야 한다. 수련생이 메일을 보낸 이후에 내담자와 메일 교신이 더 이루어졌을 수도 있고, 수련생의 사례에 대한 이해도가 깊어졌을 수도 있다. 또는 다른 내담자와의 사이에 더 급한 사항이 생겼을 수도 있다. 슈퍼비전 회기 전에 보내온 이메일의 예를 다음에 제시하였다.

Anne 선생님,

첨부한 내용은 내담자와 나눈 메일 중 몇 개를 고른 것입니다. 이번 슈퍼비전에서는, 제가 애쓰고 있는 것이 Jenny에게 도움이 되고 있는지, 내담자와 저의 시간을 낭비만 하는 게 아닌지를 확인하고 싶습니다. 처음부터 그녀가 중미 지역에 거주한다는 사실 때문에, 제가 염려했던 점을 아셨을 겁니다. 그녀가 스

> 물여덟 살이라는 얘기를 듣고는 조금 마음이 놓였지만, 나중에 그녀는 자신이 정신적 문제를 포함해서 그 외 여러 가지 문제가 있다고 하더군요. 게다가 학습장애가 있는 게 아닌가 의심되기도 합니다. 제가 이번에 첨부한 메일처럼 항상 짧은 메일만 보내옵니다. MSN 채팅은 한 번도 못 했습니다. 제가 하는 말이나 제안은 대개 '무시'당합니다. 그녀가 상담을 통해 이루고자 하는 바를 돕고자 하는 제 노력이 무시당하는 것 같아서 제 반응도 짧아졌습니다. 제가 종결하자고 메일을 보내야 할까요? 아니면 지난 1월부터 그래왔듯, 그녀가 갑작스럽게 이메일을 보내올 때마다 드문드문 반응하는 식으로라도 계속 연락해야 할까요? 지금까지 총 3시간 정도의 시간을 들인 것 같아요. 수요일에 MSN 채팅으로 뵙겠습니다.
>
> Hilary로부터.
>
> 추신〉 첨부한 파일을 전부 읽으실 필요는 없어요. 저는 넋이 나갈 지경입니다. 첫 두 페이지만 보고 지나치셔도 됩니다.

이메일을 통해서만 온라인 슈퍼비전을 할 수도 있다. Vernmark (2005)가 얘기한 e-카운슬링의 장점은 대부분 온라인 슈퍼비전에도 적용된다. 그에 따르면, 내담자는 뭔가 떠올랐을 때 바로 글로 옮기고 싶어 하며, 나중에 그 생각과 감정을 떠올리는 것은 더 어렵다(4장 참조).

슈퍼비전 계약을 맺을 때, 상담자가 이메일로 상담 작업 및 다룰 주제들의 개요를 미리 보내도록 하기도 한다. 슈퍼바이저는 읽고 심사숙고해 본 후 반응할 수 있다. 이런 식으로 하면 답변 전에 슈퍼바이저는 더 많은 시간을 들여 숙고해 볼 수 있고, 수련생 편에서도 이메일을 쓰고 다시 읽어 보는 과정 자체에서 상담 작업에 대한 이해가 깊어지기도 한다는 장점이 있다.

이메일로 슈퍼비전을 할 때는 슈퍼바이저가 아예 새 이메일로 답장하기도 하고 받은 이메일에 답장 쓰기로 문단 중간중간에 반응을 끼워 적어 넣어 보내기도 하는데, 사례나 수련생에 따라 적당한 방식을 선택하면 된다.

다음 이메일 첨부 글 앞부분에는 수련생이 집중해서 다루고 싶은 주제를 정리해 두었다. 그에 대해 코멘트를 달 때는 보통 수련생과 글자 색을 다르게 하여 상담자의 답변을 더 명확히 확인할 수 있게 한다. 다음 예에서는 상담자 코멘트를 별도 글꼴 및 기울임체로 표시하였다.

제 상담 작업 및 코멘트 주신 내용에 대한 생각을 요약하면 다음과 같습니다.

* 1명의 내담자와는 세 번의 MSN 채팅 회기를 가졌습니다.
* 일회성 이메일 회기를 진행한 한 사례가 있는데, 그녀는 도움이 됐다고 했고, 후속 작업을 할지 고민하고 있는데, 비용이 문제가 된다고 합니다.
* 지난번 말씀드렸던 시빌 파트너십(The civil partnership)[5] 관계의 커플은 상담을 시작했습니다.

---

5) [역주] 2004년 영국에서는 시빌 파트너십 법안을 도입하여 동성 간 결혼에 해당하는 법적 권리를 허용하기 시작했고, 2014년부터는 동성 간에도 결혼과 시빌 파트너십 사이의 선택이 가능해졌으며 2019년부터는 이성 간의 시빌 파트너십 체결도 가능해졌다.

대부분이 기독교인들입니다.–*Anne Stokes) 정확한 파악을 위해 확인하겠습니다. 대개 기독교인을 대상으로 상담을 하시나요?*

동일한 이메일 첨부 글 중, 후반부에서 발췌한 다음 내용은 GLM이라고 표기한, 한 내담자에 대한 논의에 집중하고 있다. 역시 슈퍼바이저의 코멘트는 별도 글꼴 및 기울임체로 표시하였다.

> GML—호주계 혈통이며, 중산층 부모에게 방임 당한 이력이 있음—부모 중 한 명은 도박중독이었고, 다른 부모는 자선활동에만 몰두해 있었음. 어렸을 적 GML은 어린 네 동생의 주양육자(방과 후에) 역할을 했음. GML은 이제 30대 후반이고 미혼. 2년 전 신원불명의 남자에게 강간을 당했으나 아무에게도 말하지 않았다고 함. 한 상담 기관에서 PTSD(외상후스트레스장애) 문제로 8회기 상담을 받았음. 5월에 상담을 종결하였다고 함
> *Anne Stokes) 8회기 만에 종결했다니 '아이고' 소리가 절로 나오네요. 1) 그녀가 종결에 대해 어떻게 느꼈을지 궁금하고, 2) 무엇 때문에 그들이 8주 만에 상담을 종결했는지도 의문이네요—아마 그녀는 자신의 감정을 숨겼고, 그들은 그녀가 괜찮아졌다고 생각했겠지요—그녀가 감정을 숨긴 것이 사실이라면 (강간에 대해서도 그들에게 얘기하지 않고, 도박이나 일에 대한 가족의 중독 문제에 대해서도 숨겼을 가능성이 있겠죠?)*
>
> 지금까지 3회의 MSN 채팅 회기를 진행했습니다.
> 염려되는 사항: 강간 피해 후에 자살사고가 지속되고 있습니

다. 상담 조건으로, 상담이 진행되는 동안에는 자해나 타해를 하지 않겠다고 약속받았습니다. 그리고 그녀의 주치의 이름을 알려 달라 했고, 걱정되는 상황에서 연락을 취할 수 있는 그녀의 친구 한 명의 연락처, 그리고 전화 한 통을 걸거나 커피 한잔을 함께 하며 지지해 줄 수 있는 지인의 이름도 물어 두었습니다. 그녀는 모두 동의하였고, 자료도 주었습니다. *Anne:* ***훌륭하네요—윤리적인 측면에서 내담자를 잘 돌보았네요.*** 이 회기는 잘 진행되었습니다. 이제 그녀는 왜 자신에게 못되게 구는 남자들에게 끌리는지에 대해 생각해 보고 있습니다. *Anne:* ***이것은 아마도 아버지와 관련이 있지 않을까요?—어린 시절의 상황을 재연하려 애쓰면서, 자신에게 못되게 구는 누군가를 '구원'하거나 그의 사랑을 얻은 끝에 어릴 때와는 다른 결말을 보겠다는 것만 같아요.*** 힘들었던 성장과정을 생각해 볼 때, 그녀가 지금만큼 견뎌온 것도 놀랄 만한 일이지만, 이런 부분도 아주 현실적인 시각으로 보려고 하고 아주 열심입니다. *Anne:* ***좋습니다!***
매우 긍정적이라 생각됩니다.

또 다른 장점도 있는데, 만약에 예약한 슈퍼비전 회기들을 진행하다가 중간에 갑자기 위기 상황이 발생했을 때는 이메일을 보내도록 협약할 수 있으며, 이것은 면대면 회기였다면 도중에 전화를 거는 셈이 된다. 나로서는 이것이 좋았는데, 쉬다가 갑자기 전화를 받았을 때보다 응급 상황에 대해 좀 더 심사숙고한 후 답변해 줄 수 있기 때문이었다. 하지만 이때는 꼭 이메일 확인 빈도를 명확하게 정하고 이를 엄격하게 지켜야만 한다.

나는 이메일 작성에 익숙한 면대면 수련생들을 이메일 슈퍼비전하기도 한다. 다음 예는 내가 출장 중에 면대면 수련생과 주고받은 이메일 내용인데, 전화로는 이런 식으로 하기가 쉽지 않았을 것이다.

제 생각에:

–내담자가 특히 힘들어하는 점, 난독증과의 투쟁, 그래서 평생 의사소통에서 어려움을 겪어 옴. Anne: *그러면 그녀가 당신과 의사소통을 잘하고 있다고 느끼게 해 주기 위해서는 반영, 요약, 재진술 등(기본적 상담기법 총동원)을 아주 많이 해 줄 필요가 있겠네요?*

–왕따를 호소했을 때 전혀 들어 주지 않는 느낌이었다고 합니다(흔히 있는 일이죠. 너무 많은 젊은 아이들이 이런 경험을 하는 게 너무 속상해요). Anne: *역시 그녀의 감정을 들어 주고 있음을 재확인해 줄 필요가 있겠지요?*

–남자 친구에게 대항하려는 계획에 있어서는 '냉정'해 보였지만, 부모님에 대해 얘기할 때는 감정을 드러냈습니다. '둘 사이에 끼어' '양쪽에서 서로 잡아당기는' 느낌이라고 표현했습니다. 그리고 읽기와 쓰기에 문제가 있는 게 '창피스럽다'라고도 했습니다. 제 생각에 라포를 형성할 여지는 충분히 있어 보입니다. 만약 그녀가 다음 회기에 나타나기만 한다면요. Anne: *작은 희망이지만 보여요—당신의 감정도 그녀와 나란히 가고 있는 것 같아요—양쪽에서 잡아당기는 것처럼? 그녀의 행동에 밀려나는 느낌이 들면서도 관계가 형성되어 가는 쪽으로 끌려가는 느낌도 들고?*

–저의 경우, 아직 표면으로 드러나지 않았지만 뭔가 '들끓

고 있는' 게 의식돼요. 그리고 제 안전 문제에 대한 걱정이 있어요(상담실 밖에는 아무도 없습니다. 위층에 내담자를 보고 있는 다른 상담자가 있긴 하지만, 소리가 들릴 거리는 아닙니다. 관리자에게 이 문제를 얘기해 봐야겠어요).
Anne: 만약 그녀를 계속 상담하게 된다면, 분명히 말하지만 우선 자신을 잘 돌봐야만 해요. 우선 명백한 안전 문제 때문에 그래야 하고, 그녀를 잘 돕기 위해서도 마음이 편안해져야죠. 관리자에게 확인해 보겠다니 다행입니다. 혹시 호신용 알람을 갖고 있나요? 그리고 상담계약 시 알리지 않았다면, 이제라도 상담실 내에서 폭력은 허용되지 않으며, 자해나 타해 위험이 있을 시 비밀보장의 원칙이 파기될 수 있음을 알려 주세요.

물론 한 가지 방식으로만 슈퍼비전을 진행해야 하는 것은 아니다. 한 수련생이 미리 배경정보 및 실시간 회기에서 다루고 싶은 주제를 메일로 보낸 후 실시간 회기를 진행하고, 이에 병행하여 이메일로만 하는 슈퍼비전도 진행할 수 있다.

온라인 슈퍼비전의 마지막 장점이라면 어떤 형식으로 진행하든 내담자와 상담자 모두 따로 기록할 필요가 없다는 것이다. 모든 기록이 이미 남기 때문이다. 단, 슈퍼비전 이메일이나 실시간 메일 교환을 저장할 때도, 내담자 기록을 저장할 때와 마찬가지로 주의를 기울여야 한다.

온라인 슈퍼비전의 단점

실시간 회기를 진행할 때 타이핑 속도와 정확성이 문제가 될 수 있는데, 특히 내담자나 상담자 중 한 편이 '오타'는 꼭 교정하고 완전한 문장을 사용해야만 한다는 식의 강한 '완벽주의'를 가진 경우 문제는 심각해진다. 이런 경우에 면대면 상황에서보다 실제 슈퍼비전이 충분히 이뤄지지 않은 것처럼 느낄 수 있다. 그러나 우리의 경험상, 일단 시간을 들여 이 방식의 작업에 익숙해지기만 하면 문제는 사라졌다. 이메일을 쓸 때는 대화할 때보다 '적절하게' 표현해야겠다는 마음이 들 테지만, 이는 수련생이 면대면 슈퍼비전을 받을 때 발표 자료를 잘 정리해서 발표하려 하는 것과 마찬가지라 생각하면 된다.

기술적인 부분의 오류도 발생할 수 있다. 나의 경우, 기술적 오류로 인해 크게 좌절했고, '내가 또 뭘 잘못 건드렸나' 싶기도 했다. 이메일 답장은 당장 받지 않는다고 해도 수신확인은 바로 할 수 있으면 좋을 것이다. 이런 이유로 웹 기반 무료 이메일 계정을 가지고 있는 것이 좋은데, 만일 내 컴퓨터에서 메시지를 보내지 못할 때는 다른 컴퓨터를 이용하면 된다. 그리고 실시간 미팅이 임박했는데도 인터넷 연결이 되지 않을 때를 대비해서 상대방에게 연락할 수 있는 전화번호를 알고 있는 것이 좋다. 간혹 전혀 알 수 없는 이유로 참가자들이 채팅방에서 튕겨 나가는 경우도 발생한다. 이런 일들이 발생할 가능성을 알고 있고, 자주 벌어지는 일은 아니라 해도, 일단 문제가 발생하면 심한 좌절감을 주고 온갖 노력이 무용지물일 것이다. 실상 면대면 수련생이라 해도, 오는 도중 문제가 생겨서

도착하지 못하는 경우가 있게 마련이다.

비밀보장도 염려해야 할 부분이며, 계약할 때 슈퍼바이저와 수련생이 이 점에 대해 충분히 얘기해서, 비밀번호를 사용할 것인지, 보안이 되는 화상회의로 할 것인지, 데이터 저장이나 암호화는 어떻게 할 것인지 등을 정해야 한다. 만일 기관 소속이라면, 다른 누군가가 자료에 접근할 수도 있다. 기관 소속의 온라인상담자들은 내/외부 보안을 위해 IT 부서의 지원을 받기도 한다. 자료 보안을 위한 규정은 실제 그것이 그대로 지켜질 때만 효과가 있다. 우리는 온라인상에서의 보안 문제를 가볍게 생각하지 않지만, 간혹 보면 오프라인에서의 보안은 확실하고, 온라인에서는 그렇지 못하다고 생각하는 경우가 있다. 이것은 명백히 사실이 아니다. 기관 내 모든 사람이 열쇠 보관장소를 알고 있음에도, 파일 캐비닛만 잠가 두면 완벽히 안전할 것이라고 믿는 면대면 상담자도 있다.

비밀보장과 관련하여 온라인 슈퍼비전에 있어 마지막으로 언급할 부분은 컴퓨터가 있는 장소이다. 만일 컴퓨터가 거실에 있거나, 기관 내 개방된 장소에 놓여 있다면, 비밀보장에 문제가 생길 수 있다. 온라인상에서 슈퍼비전 이메일을 작성하거나, 실시간 슈퍼비전을 진행할 때도 면대면 회기에서처럼 방해받을 가능성을 최소화하고 개인 정보를 보호해야 할 것이다.

일부 국가의 자격위원회나 면허기관에서는 매달 일정 시간 이상의 슈퍼비전을 필수로 요구한다. 이런 요구 조항은 면대면 슈퍼비전을 기준으로 만들어진 것이므로, 이에 상응하는 이메일 교신의 횟수는 신중히 생각해 보고 각자의 경험에 비추어 조정해야 할 필요가 있다. Anthony와 Jamieson(2005)은 온라인 슈퍼비전에서의 '1시간'을 어떻게 정의할지 생각해 보아야 한다고 했다. 메신저 프로그램에서의 1시간은 면대면 슈퍼비전에서의 1시간과 같은 것으로 볼 수 있지만, 이메일의 경우 몇 차례의 이메일을 1시간으로 볼 수 있을지에 대해 합의가 필요하다. 전문가 수련 시간 인증 목적에서라도, 이 문제는 전문기관에 꼭 확인해 봐야 한다.

집단 슈퍼비전

지금까지는 일대일 슈퍼비전에 관해 얘기했지만, 온라인 집단 슈퍼비전의 일원으로 참여하게 되는 경우도 흔히 있다. 온라인 집단 슈퍼비전 역시 실시간으로 진행될 수 있지만, 그전에 온라인 집단 미팅 경험이 충분해야 한다. 집단 작업에서 다양한 변수로 문제가 생길 수도 있지만, 온라인상의 탈억제 효과로 인해 집단역동이 더 빨리 드러날 수도 있다. 만일 당신의 온라인 수련 과정에 집단 미팅이 포함되어 있다면, 실시간 온라인 집단 슈퍼비전에 적응하기도 더 쉬울 것이다.

온라인 집단 슈퍼비전도 이메일이나 게시판 토론을 통해 비실시간으로 진행될 수도 있다. 한 이메일을 복사하여 모든 구성원에게 보내면, 구성원들은 각자의 생각을 추가하여 답하는 식으로 연속적인 대화가 이뤄지게 된다. 또 다른 방편은 토론이 가능한 비공개 이메일 포럼을 활용하는 것이다. Yahoo 같은 사이트에서 비공개 토론 포럼 이용이 가능한데, 공개된 포럼과는 달리 우연히 찾아 들어온 사람의 접근을 막을 수 있다는 장점이 있다. 논의할 주제를 포럼이나 알림 게시판에 '게시'하고, 구성원 각자에게 이메일로 회람할 수도 있다. 구성원들도 마찬가지로 자기 생각이나 소감을 회람

하거나 토론 포럼에 게시할 수 있다.

온라인 집단 슈퍼비전을 받기 전에 내담자와의 작업이나 일대일 슈퍼비전을 통해 온라인 작업에 익숙해지는 것이 바람직하다.

온라인 슈퍼비전에 대한 실시간 토의 사례

온라인 슈퍼비전 워크숍을 하는 동안 온라인 슈퍼비전에 대한 몇몇 쟁점들을 부각해서 다뤄 보았다. 이때 온라인 슈퍼바이저가 되기 위한 수련 과정에 주로 초점을 맞췄다. 글로 설명하기보다는 다음에 대화록 내용 그대로를 제시하여 주요 쟁점과 대화의 느낌을 생생하게 전달하고자 한다. 여기서 약어나 문장 구조를 고치지 않고 있는 그대로 제시했는데, 논의가 있었던 그 상황을 그대로 생생하게 전달하기 위해서이다.

Kirstie: 저는 온라인 슈퍼비전이 느린 점도 있지만, 집중이 잘 되어 더 빠르게 진행되는 것 같기도 해요.

Jacqui: 맞아요, 뭘 다뤄야 할지 뭐가 필요한지에 대해 집중이 더 잘 돼요. 당장은 면대면 슈비[6] 때보다 더 많이 준비해야 하는 것 같아요.

Anne: J, 그 말은 자연스러움은 없어진다는 말인가요? 아니면 더 많이 준비하니까 좋다는 건가요, 아니면 둘 다?

Jacqui: 음, 많이 준비하니 좋은 거죠(뭘 하든 새로운 걸 할 때면

6) [역주] '슈비'는 슈퍼비전의 줄임말이다.

전 그렇거든요). 물론 자연스러움도 꼭 필요하니까 준비한 것에 얽매인다기보다는 하나의 출발점으로 생각해서 어떻게 되어 가는지 보기도 해요.

Anne: 그럴 수 있겠네요. K는 어떻게 생각하나요?

Kirstie: 저도 온라인으로 작업할 때 준비를 더 해요. 준비가 많아지다 보면 자연스러움과 창의성은 조금 떨어질 수 있을 것 같아요. 그래도 내가 할 말을 적는 동안이나 다른 사람의 글을 기다리는 동안 떠오르는 생각과 감정을 알아차릴 수 있는 여유가 생겨서 좋아요.

Jacqui: 아마 이메일보다 MSN 채팅에서는 자연스러워질 수 있는 여지가 좀 더 생기는 것 같아요.

Kirstie: 저는 오프라인으로 진행할 때보다 온라인으로 진행할 때 새롭게 깨닫는 순간이 더 많은 것 같아요.

Jacqui: 물론 자발적인 생각도 거기에 추가해서 생각의 폭을 넓힐 수 있으면 더 좋을 것 같아요.

Kirstie: 하지만 가끔은 면대면 작업을 따라가는 느낌도 들고요.

Jacqui: 제 생각에, 이메일 슈비에서는 아이 같은 자유스러움이 잘 표출되지 않고, 적절한 순간에 다시 어른스러운 상태로 복구하는 것 같아요.

Anne: 저는 생각 중이에요…

Anne: 여러분의 생각들을 따라가면서…

Kirstie: 음, 이메일 슈비는 즉시성이 떨어지고, 아이 같은 자유로움은 아주 즉흥적인 것이기 때문에 이메일에서는 그 아이다운 자유로움을 숨기기가 아주 쉬운 것 같아요.

Anne: 그렇다면 온라인 작업에서 가장 부족한/어려운 요소들을 함께 보완하기 위해 이메일 작업과 실시간 회기를 동시에 진행하면 도움이 될까요?

Anne: J가 K의 도움을 받아서, 이메일 슈퍼비전에서도 자유스러운 아이가 표출될 수 있다면...

Anne: 그리고 K는 J의 도움을 받아서, 자발성/창의성을 증진시킬 수 있다면...

Anne: 내 말은, 다른 것들을 배제하라는 것이 아니라 계속 염두에 두면서요.

Kirstie: 네, 좋아요.

Jacqui: 실험해 보는 거, 마음에 들어요.

Kirstie: 저는 가끔 수련생 시점에서 온라인 슈퍼비전을 보기도 해요. 실시간 회기에서는 타이핑하면서 시간이 지나는 게 아까우니까 핵심을 바로 전달할 수 있게 이메일을 사용하죠. 수련생 쪽엔 유리하지만, 슈퍼바이저에게는 오히려 부담이 커지는 거일 수 있겠네요.

Jacqui: 제가 정말 탐색하고 싶은 부분을 모아 정리할 수도 있고 내담자 스토리를 다시 늘어놓지 않으려면 가장 먼저 생각해 봐야 하는 문제가 바로 이것인 거 같아요.

Jacqui: 슈비란 게, 내담자에 대해 제가 알고 있는 걸 전부 알려야 가능한 건 아니니까요.

Anne: 동의합니다. 미리 생각해 보거나 적어 보는 것이 거기에 도움이 될 것이다?

Kirstie: 결국 기회가 두 번으로 늘어나는 것이나 마찬가지예요. 미리 이메일을 적어 보낼 때 한 번, 그리고 온라인 슈비 때가 되면 다시 한번 해서, 그때는 의식적으로 생각하지 않아도 더 집중하게 되지요.

Jacqui: 맞아요, 그때 제 안의 자기성찰적인 상담자가 가장 열일하는 것 같아요.

Kirstie: 혹시 동시에 완벽주의적인 면이 발동되지는 않나요? 저는 온라인 작업에 가장 방해되는 게 제 완벽주의적인 측면이라 생각했어요. 무슨 소리냐면, 내가 한 말에 대해 어떤 느낌과 생각이 들지 알아내려는 듯이, 메일 보내기 전에 제가 쓴 글을 계속 보고 있거든요.

Jacqui: 아마 그게 맞을지도 몰라요, K. 온라인상에서는 증거들이 다 저장된다는 생각이 일할 때 항상 머릿속에 있어서 '전송' 버튼을 누르기 힘들죠.

Anne: 흥미롭군요, K. 온라인 작업이 우리 자신들에게 불러일으키는 것들이 다르네요. 도움이 되기도 하고 방해물이 되기도 하네요. 지도감독자로서, 우리는 자신을 보는 것뿐 아니라 수련생들에 대해서도 주의 깊게 관찰해야겠지요.

향후 전망

이미 웹캠과 음성 링크 사용이 가능해졌다. 어떤 것은 훌륭하고 어떤 것은 아직은 발전이 필요하다. 이것들을 내담자에게 적용하기에 앞서, 슈퍼비전을 통해 미리 연습해 보면 도움이 될 것이다. 향후 수년 내로 참여자가 직접 마주한다는 점 외에는, 온라인 슈퍼비전과 면대면 슈퍼비전의 차이는 거의 없어질 것이다. 요컨대, 온라인상담자로 경력을 쌓고자 하는 초기 단계에는 특히나, 온라인 슈퍼비전을 강력히 추천한다. 온라인 경험을 더 쌓는 것 외에도, 다른 온라인 전문가와 함께 상담 역량을 발전시킬 기회를 얻는 것이 아주 큰 도움이 될 것이다. 아직 온라인 슈퍼비전은 상대적으로 발전이 덜 된 분야이기에, 원한다면 발전 과정에 참여하고 기여할 수 있는 기회도 더 열려 있다.

연습 활동

1. 면대면 슈퍼비전이 예정되어 있다면, 이것을 온라인 슈퍼비전이라고 가상해서 슈퍼비전에서 원하는 바를 정리한 이메일을 작성해 보세요. 그리고 온라인 슈퍼바이저에게 첨부할 파일에는 내담자의 배경정보와 논의할 문제에 대해 적어 보세요.

2. 동료 상담자에게 슈퍼바이저 역할을 부탁하고, 슈퍼비전 이메일을 교환하거나 실시간 회기를 진행해 보세요.

3. 만일 당신의 슈퍼바이저가 협조적이고 이메일 주소를 갖고 있다면, 이메일로 슈퍼비전 해 보자고 제안할 수 있습니다. 새로운 작업이어서 초기에 문제점들이 발생할 수 있으므로, 여러 번 해 볼 것을 권장합니다.

9장

주요 이론의 개관

서론

다양한 이론적 배경의 상담자들이 온라인상담을 시행하고 있지만, 각 이론적 지향에 구분 없이 협력적 관계(working alliance, 작업동맹) 형성을 가능하게 하는 온라인 핵심 조건은 무엇인지 밝힐 필요가 있다. 이전 장들에서도 다룬 '탈억제 효과(disinhibition effect)'란 면대면상담에 비해 온라인상담 내담자들이 더 빨리 몰입하고 더 개방적으로 자신의 이야기를 하는 것을 이르는 말이다. 면대면상담 초기에 내담자들이 자신의 깊은 내면의 생각이나 감정을 잘 표현하지 못하는 것을 일러 '억제(inhibition)'라고 하며, 이는 이러한 '억제'에 반대되는 현상이라 할 수 있다. 온라인상에서 익명의 이들을 대상으로 쓰는 글에는 내담자로 하여금 더 많이 털어놓게 만드는 어떤 특성이 있다. 이런 '탈억제'는 유익한 면도 있으나, 나중에 내담자가 얘기를 덜 할 걸 그랬다는 후회와 위축감을 느끼게 만들기도 한다. 따라서 어떤 접근법이건 간에 이런 점을 감안하여 적용하여야 한다.

또한 온라인상담을 연습하는 수련생들은 일반 상담을 할 때보다 질문을 더 많이 하고 있다는 사실을 깨닫게 되는 경우가 많다. 질문을 많이 하는 방식이 자신의 접근법과 잘 맞지 않는 경우라면, 어떻게 하면 질문은 더 적게, 반영적인 기법은 더 많이 활용하여 반응 방식을 조정하고 개선할 수 있을지 고민해 보아야 한다. 이메일을 통해 작업하는 경우라면 면대면상담에서 '보통' 말할 때와 비교해서 이메일에서는 더 많은 양의 말을 한다는 점도 깨닫게 될 것이다.

이 장에서는 몇몇 주요 이론적 접근법들을 온라인상담에서 어떤 방식으로 활용할 것인가에 대해 논하고자 한다. 이 장 마지막의 연습 활동을 통해서는 당신이 주로 활용하는 접근법이 무엇이든 간에 온라인 작업에서 자신의 핵심 모델을 과연 고수해 갈 것인지, 만약 고수한다면 어떻게 자신의 모델을 적용할 수 있을지에 대해 고심해 보기를 바란다.

이메일 교신 4회를 통해 살펴보는 온라인상담 접근

온라인상에서 다양한 접근법들을 어떻게 활용할 수 있는가를 예시하기 위해 짧은 발췌문을 통해서 가능한 답변들을 살펴보려 한다. 이 내용은 예시를 위한, 통합적 접근을 활용한 가상의 사례이지만 다양한 실제 내담자/상담자 상호작용을 조합해서 만든 내용이다. 상담계약 부분에 대해서는 3장에서 충분히 다루었으므로 길게 언급하지 않을 것이며 이 장에서는 다양한 상담 접근 방식에 주목하고자 한다. 사실 치료적인 상호작용이 시작되었을 때 이미 상담계약 부분에 있어서는 합의가 완료되어 있어야 한다.

사용되는 접근법에 대한 모든 사항을 살펴보는 것은 불가능하므로 눈에 띄는 부분들에 주목해서 보면 된다. 내담자의 이메일 내용 중 눈에 띄는 다양한 예문도 있을 것이며, 당신이라면 어떻게 반응할지에 대해 생각해 볼 수도 있을 것이다. 이 장을 보며 그런 내용을 기록해 두겠다고 마음먹을 수도 있다.

다양한 접근법의 온라인 적용에 대한 글은 많지 않다. 자신이 면대면상담 시 사용하던 문구들의 '서고'와 같은 것을 보유하고 있는 사람도 있을 것이다. 그런 경우 우리가 제안한 내용과 함께 그 문구들을 사용해도 좋고, 우리의 제안 대신 자신만의 문구를 사용해도 상관없다. 여기에는 우리가 선호하는 반응을 제안하는 것일 뿐이다.

첫 번째 이메일

Anne 선생님,

저는 지금 뭔가 어려움이 있고 진정 당신의 도움이 필요합니다. 지난 한 주 동안 내내 기분이 울적했기에 너무 겁이 나고 불안합니다. 제 생활이 지금 잘 돌아가고 있다고 생각했는데 지금 꼭 그렇지도 않은 것 같아서 충격도 받았습니다. 감기 기운이 있는 것 같다고 얘기하고 회사에서 조퇴했습니다. 사실 더 정확하게 말하면 눈물이 터질 것만 같아서 도망간 것이 맞아요.
Chris 드림

인간중심상담에서 상담자는 핵심조건을 겸비한 채 관계를 통해 내담자의 발전을 촉진한다. 그러므로 첫 이메일부터 온라인상담자는 공감과 수용을 보여 줘야 한다. Trahar(2001)가 제안하였듯이, 상담자의 이러한 자질이 관계를 결정짓는다. 이러한 접근법에서는 답변을 통해 감정에 대해 반영해 주고 다음 메일이 오면 당신이 적은 내용 중 내담자가 어떤 부분에 꽂혔는가를 본다. 그러므로 당신은 다음과 같이 적어 보낼 수 있다.

Chris 님께
메일 보내 주어서 감사합니다. 현재 어려움을 겪으면서 저의 지지가 필요한 것 같네요. 통제를 잃어버릴 것 같다는 느낌으로 지난 한 주, 기분은 울적하고 겁나고 불안하였다니 힘들었겠어요. 그래서 충격도 받고 눈물이 날 것 같아 회사에서 달아나 버리고 싶을 정도였군요. 제가 바로 이해한 것이길 바라요. 답장하면서 알려 주세요.
따뜻한 마음을 담아
Anne으로부터

이런 답 메일의 강점은 어떠한 방향으로도 내담자를 이끌어 가지 않고 그들 스스로 온전히 방향을 정해 가도록 할 수 있다는 것이다. 면대면 작업에서와 마찬가지로, 내담자는 자신의 말에 귀 기울여 주고 이해해 준다는 느낌을 받게 될 것이다. 또한 내담자가 쓴 분량보다 더 길게 쓰지 않음으로써, 그들에게 권위자나 전문가로 군림하기보다는 동등한 관계성을 형성할 수 있다. 하지만 이메일을 주고받는 시차가 존재하기에, 내담자가 이메일을 통해 도움을 청했음에도 불구하고 도움을 받지 못한 채 내버려진 느낌을 가질 수 있다는 단점이 있다. 따라서 초반에 보내는 이메일이라 하더라도 다음과 같이 약간의 자기 개방을 추가함으로써 지지받는 따뜻한 느낌을 더할 수 있다.

> Chris, 이메일에 적은 것만 봐도 얼마나 심한 불안을 느끼는지 전해져 오고 손을 뻗어 돕고 싶은 심정이에요.

정신분석이론의 상담자가 Chris에게 답한다면 과거를 통해 현재에 대해 알 수 있는 것이 무엇인지가 관심거리일 것이다(Jacobs, 2004). 또한 내담자가 적은 표현이 내포한 의미가 무엇인지도 관심의 대상일 것이다. Chris의 첫 메일에서는 한 문장에 '지금'이라는 표현을 2회 사용한 것이 눈에 띈다. 이는 과거 어느 시점에는 삶이 제대로 돌아가고 있었다는 의미로도 볼 수 있는 것일까?

두 번째 이메일

> Anne 선생님,
> 답변 감사해요. 당신 말이 맞아요. 저는 요즘 그런 상태예요. 이번 주에도 내내 그랬어요. 제가 속상한 상태라는 걸 들키기 싫어서 사람들을 피해 있기도 했어요. 감기라고 계속 둘러댈 수도 없어서 직장에 복귀해야 했지만, 너무 힘들었어요. 집안일

을 할 때는 큰 문제가 없지만 동떨어진 기분과 함께 '이게 무슨 의미가 있을까?' 싶은 생각이 들어요. 남편은 이런 제 상태를 알아차리지 못한 것 같고 아이들은 자기들 일로 항상 바쁜 상태예요.

또 무슨 말씀을 드려야 도움이 될까 모르겠어요. 당신의 도움을 기다리겠습니다.

고마워요.

Chris로부터

정신역동적인 관점에서 보자면, 핵심조건이 도움이 안 된 것은 아니지만 Rogers가 얘기했던 것 정도로 '충분'하지는 않았던 것으로 보이고 내담자의 초기 애착에 대해 생각해 볼 필요도 있다. Chris는 분명히 사람들과 접촉이 별로 없다고 했고 들키기 싫다는 마음도 있었으며 이것이 그녀의 '내적작동모델(Internal Working Model)'이라 할 수 있을 것이다. 상담자의 다음 이메일에서는 그 저변의 불안감에 초점을 맞춰 보는 것이 좋을 것이다.

게슈탈트 입장의 상담자라면, 내담자 각자가 자신만의 체계와 환경 내에서 어떻게 기능하고 있는가에 대한 인식을 자각할 수 있도록 돕는데 주력할 것이다. 따라서 Chris의 이메일에 답장할 때, 자신이 속상할 때 다른 사람이 알아서는 안 된다거나, 일을 떠나 있는 것이 어렵다는 그녀의 표현에 주목하여 답을 하게 될 것이다. 이렇게 하는 이유는 그녀 스스로가 자신이 처한 상황에 어떤 식으로 일조하고 있는가를 깨닫게끔 하여, 관계를 맺는 데에 있어서 다양한 선택지를 고려해 보고 새로운 방식으로 관계 맺는 것이 가능해질 수 있도록 돕기 위해서이다. 게슈탈트 상담에 대해 좀 더 살펴보려면 Mackewn(1996) 등을 참고하면 된다.

교류분석의 관점에서라면(Stewart, 2007), 아마도 각본과 드라이버(driver)에[1] 관심을 가질 것이다. 즉, '바쁘게 살아라' 드라이버나 '속상해 하면 안 된다' 드라이버가 있지는 않은가? 상담자는 이러한 부분에 대해 바로 작업하거나, 이러한 인식을 염두에 두고 작업해 나갈 것이다.

> Chris 님,
> 당신의 말을 내가 제대로 이해했음을 확인해 주어 고마워요. 직장에서 사람들을 피해 지낸다고 하셨는데요. 아마 뭔가 차이가 있기는 하지만 집에서도 마찬가지인 것 같아요. 이건 마치 자신에게는 아주 성공적이었고 검증된 방식으로, 상황에 대한 통제력을 잃지 않으려는 노력이라 생각되거든요. 혹시 이전에 이런 방법이 통했던 것은 아닐까요? 비슷한 상황이라 느껴질 때마다 자신을 보호하는 게 중요하기는 하지만, 한편으로는 그러한 노력을 하는 것 자체도 쉽지 않겠다는 생각이 들어요.
> 마음의 위안을 얻을 방안을 찾아보기 위해 몇 가지 질문을 드리려 해요. 질문이 과하게 느껴지지 않으면 좋겠습니다. 만약 그렇게 느끼신다면 말씀해 주시고 가능한 것에만 답해 주셔도 됩니다.
> 이상한 질문 같을 수 있지만,
> 하룻밤 사이에 기적이 일어나서 당신의 삶이 당신이 바라 왔던

1) [역주] Kahler(1974)는 교류분석을 발전시키며 사람들의 다섯 가지 동기/행동 패턴(드라이버)을 소개하였다: Be strong, Be perfect, Hurry up, Try hard, Please people.

그대로 펼쳐집니다. 가장 먼저 알아차린 변화는 무엇인가요?
이 메일을 읽으면서 지금 당장은 기분이 어떤가요? 0점을 가장 기분이 안 좋았을 때로, 10점을 최고로 기분이 좋았을 때로 둔다면 당신의 기분은 어디에 위치하나요?
동료나 가족들에게 자신의 감정을 숨길 때 어떤 마음이 드나요?
말씀드렸듯이 모든 질문에 답해야 한다는 부담은 갖지 않기를 바랍니다. 메일이 꽤 길어졌네요. 너무 부담되지는 않았기를 바라요.
따뜻한 마음을 담아,
Anne 드림

여기서는 시간제한에 민감한(단기) 접근에서 사용되는 기법이 등장한다(Bor et al., 2004). 온라인 작업에서 상담자는 장시간의 대화보다는 굵직하고 강력한 메시지를 전달하는 데에 주력해야 한다. 이러한 내재된 특성으로 인해 온라인상담은 간단명료한 접근이 되기 마련이다.

당신이 정신역동적인 접근을 사용한다면 내담자가 메일을 보내는 날이 언제인지, 상담자가 답변을 보내야 하는 마감은 언제인지 등의 사항에 대해 명확한 경계를 설정하여야 한다. 어떤 내담자와 작업을 하건 이러한 요건을 꼭 지켜야 한다. 내담자에게 '덜 두드러지는' 방식을 선호하는 상담자라면 앞서 본 이메일의 어투가 지나치게 친근하고 친숙하다고 생각하여 표현방식을 바꾸고 싶어 할 수도 있다.

그러나 면대면상담을 하는 단기 치료자들도 고정된 스케줄(매주 같은 날 같은 시간, 50분 회기를 갖는 식)에 맞춰 작업하지 않는 경우가 있다. 이런 방식이 잘 맞는 온라인상담자와 내담자도 많이 있다. 내담자가 만약 오늘 이메일을 쓰고 싶어졌다면 다음 예정된 회기까지 기다렸다 쓸 필요가 없는 것이다. 다음 회기까지 기다리지 않고 그때그때 이메일을 쓰는 경우, 시간이 지나면 잊히거나, 다음 회기가 되었을 때는 이미 적당한 것 같지 않아서 다루지 못할 자료들도 함께 다룰 수 있게 된다. 이메일의 길이는 '내'가 이메일을 쓰는 순간 상담자에게 하고 싶은 말이 무엇인가에 따라 달라진다.

상담자가 이런 방식으로 상담을 진행하면 내담자는 원할 때 원하는 만큼의 이메일을 보낼 수 있지만, 그렇다고 상담자가 반드시 즉각적으로 답해야 하는 것은 아니다. 치료작업을 시작하기 전에 상담계약을 통해 기본적인 규칙이나 경계에 대해 합의를 해 두었을 것이다. 그러나 이런 자유로운 이메일 보내기 조건에서는, 심지어 면대면 해결중심단기치료에서보다도 내담자에게 더 많은 자유를 주는 것임을 염두에 두고 있어야 한다. 언제든 찾아와서 요구하면 승낙해야만 하는 식의 상담계약은, 면대면상담에서조차 감당이 불가능한 조건이라는 것이다.

해결중심단기치료(Solution Focused Brief Therapy, SFBT)의 몇몇 기법들은 온라인 작업에서 꽤 활용도가 높다. 예를 들어, 기적질문(Miracle Question; George et al., 1990)을 사용하거나 응용하면 내담자의 이메일 답장에서 유용하고도 깊이 있는 생각을 유도할 수 있다. 또한 어떤 면에서는 면대면상담 시보다 더 충실하게 답해 오기도 한다. 대개 면대면상담에서는 도입 시에 '잘 지내셨어요?' 정도의 간단한 인사말만으로는 충분치 않은 경우가 많다. 예를 들어, '그리고 또 어떤 일이 있었나요?' '거기에 또 누가 함께 있었나요?' '당신이 한 또 다른 행동이나 말은 뭐가 있었나요?' 등의 질문이 추가되는 것이 보통이다. 그러나 이메일의 경우 내담자가 적은 것에 이러한 내용이 이미 모두, 아니면 놀라울 정도로 충분히 담겨 있다. 아마도 글로 적는다는 사실 때문에 가능한 부분이라 생각한다. 내담자는 다른 누구도 존재하지 않는 상태에서 방해받지 않고 앉아서, 상상하거나 꿈꿀 수 있다. 이처럼 '잘 통합된' 내담자 사례의 경우 요점에 도달하기까지 두어 차례의 이메일이면 충분하다.

세 번째 이메일

Anne 선생님,

이메일을 받아 기쁘고 전혀 길게 느껴지지 않았어요. 사실 도움이 되었고 제 얘기에 귀 기울이고 도와주고 싶어 하는 것을 느꼈어요. 그리고 질문을 하셨잖아요.

만약 기적이 일어난다면, 처음 깨어나서 알아차리는 것은 제가 좀 더 통제력을 회복했다는 느낌일 거예요.

당신이 보내 준 이메일을 읽는 중에는 제가 4점 정도라고 생각했는데 그 외 대부분은 2점 정도에 불과했다고 생각해요.

제 감정을 숨길 때 어떤 기분이냐고요? 뭐, 꽤 자연스럽죠. 항상 그래왔으니까요.

제가 이런 식으로 통제감을 잃어버리지 않고 또 저 자신을 지키려 하는 것이라고 말씀하셨는데요. 아마도 그 말이 맞을 거예요. 하지만 이제는 그 방법도 통하지 않을 뿐이에요. 도와주세요! 저 자신을 더 잘 지킬 수 있는 방법이 뭐가 있을까요? 불안 때문에 가끔 너무 힘들어요. 뱃속이 요동치는 느낌이 들고 잠도 못 자겠어요.

다음번 편지를 기다리고 있을게요.

안녕히 계세요.

Chris **드림**

정신역동적 상담자는 이 이메일을 통해서 몇 가지 점들을 눈치챌 것이다. 예를 들어, 감정을 숨기는 것을 '자연스럽다'고 하면서, 자신의 감정에 귀 기울여 준 것에 대해 놀라는 것 같은 반응을 보였다. 상담자는 이러한 반응의 근원이 무엇인지 탐색하고자 할 것이다. 메일의 말미에도 흥미로운 점이 몇 가지 있다. 우선 '다음 편지를 기다리겠다'는 문장으로 볼 때 의존성이 자라나고 있는 것이라 할 수 있을까? 그렇다면 이러한 부분이 상담 과정에서 중요한 부분일까? 그렇다면 '안녕히 계세요'라는 말은 어떤 의미일까? 이는 절망을 암시하는 것일 수도 있다. 상담자가 염두에 두었던 여러 가설이, 통제감을 상실한 듯한 내담자의 모습에 의해 뒷받침된 것이라 할 수 있다. Chris는 또한 '도와주세요(HELP)'라는 부분을 대문자로 적었고, 스스로에게 낮은 점수를 매겼으며 자신을 어떻게 지켜야 할지 모르겠다고 했다. 이것은 무엇을 말하는가? 마지막으로, 이 부분에서 모성전이(maternal transference)나 유아기 감정과 행동으로의 퇴행이 나타나는 것이라 볼 수 있을까?

해결중심단기상담의 관점에서 본다면, 내담자로 하여금 척도에서 4점에 이를 수 있게 하는 것은 무엇이고, 2점이라 느낄 때 다른 점은 무엇일까? 내담자가 무슨 일을 할 때 4점에서부터 2.5점이나 3점으로 내려가는 것일까?

Chris 님,

당신의 얘기에 귀 기울여 주었다고 느꼈다니 기뻐요. 그래요. 우리가 꼭 도움이 되면 좋겠어요. 질문에 답변해 주어 고마워요. 기적이 일어난다면 통제력을 더 회복했다고 느낄 것이라 하셨어요. 그 부분에 대해 좀 더 얘기해 주세요. 당신 그리고 주변 사람들은 어떤 말을 하고 어떤 반응을 보일까요? 감정을 숨긴다고 하신 말씀을 들으니 그렇게 살아온 것이 꽤 오랜 기간이었고 결국 완전히 자연스러운 일이 되어 버린 것같이 느껴지는데요. 감정을 숨기지 않고 지낸 적이 과연 있기는 했을까 궁금해집니다.

점수 부분에 대해 한번 생각해 봅시다. 이메일을 읽고 어떤 점이 도움이 되었기에 4점으로 점수가 높아진 것인지에 대해 설명해 주실 수 있을까요? 그리고 2점일 때, 점수를 2.5점으로 끌어올리려면 어떻게 해야 좋을지 생각해 보세요. 생각나는 것이 있나요?

속이 울렁거리는 느낌과 편히 잠들지 못하는 것 때문에 많이 힘드신 것 같네요. 두 가지 생각이 떠오르는데요. 첫 번째는 현실적인 얘기예요. 여태 진료를 받지 않았다면 병원에 가 볼 필요가 있는 것은 아닐까요? 심리적인 측면과 마찬가지로 신체적 상태 역시 점검이 필요한 경우가 흔히 있습니다. 또한 불안을 일으키는 게 무엇이고 그것을 어떻게 줄여 갈지 하는 문제에 있어서는 우리가 상담을 진행하는 초반에 일시적인 진정 용도로 항불안제를 처방받을 수도 있을 것입니다. 두 번째 생각은 자신을 돌보는 것에 관해서입니다. 우리는 불안할 때 흔히 적당히 호흡하는 것이 어려워지고 몸이 긴장됩니다. 그러니 몇

분 동안 시간을 내서 최대한 깊게 심호흡을 하면서 어깨, 턱, 손에 힘이 들어가 있지 않은지 느껴 보세요. 힘이 들어가 있다면 그 상태에서 좀 더 몸에 긴장을 주었다가 이완해 보기 바랍니다. 수면에 도움이 되는 활동으로는 침대에 들기 전 따뜻한 욕조에 몸을 담그는 것, 그리고 하루 일정을 확실하게 마감해 버리고 좋아하는 일을 하는 것도 있습니다.

메일이 또 길어졌네요. 이 편지에 답장을 주실 때 제가 여기서 다루지 않은 것들에 대해 얘기하고 싶으실 수도 있어요. 제 의견에 얽매일 필요는 없어요. 지금 당장은 인정되지 않겠지만 당신 스스로가 자신에게 있어 가장 전문가이니까요.

따뜻한 마음을 담아

Anne

단기, 내러티브 치료의 관점에서 보자면 여기서 상담자는 이야기를 풍성하게 하고자 노력하고 있다. Speedy(2008)가 밝혔다시피, 이야기를 구성해 내는 것이 관건이다. 이야기가 분명하게 드러나지 않고 흐지부지된다면 아무 소용이 없다. 내담자의 반응을 긍정해 주는 동시에, 속이 울렁거리는 것과 수면 패턴으로 인한 어려움에 대해 함께 얘기하는 것은 '핵심조건의 활용'에 해당한다. 반면, 과거에 대해 질문하는 부분은 정신역동적인 접근이라 할 수 있다. 위 사례의 경우 지시적인 성향의 상담자였기에 내담자가 도움을 청한 상황에서는 간단한 '팁'이나 이완훈련을 제공하는 것이 낫겠다고 느꼈을 것이다. 또한 내담자가 자신의 내면의 힘을 깨달을 수 있도록 은근히 강화하기 위해, 스스로에 대해 전문성을 보유하고 있음을 언급하는 메시지도 있었다.

정신역동적인 상담자였다면 '당신 자신이 스스로에게는 전문가'라는 표현은 쓰지 않고 다른 표현을 사용할 것이다. 신체적인 반응 또한 과거 사건이나 외상을 재연하는 것이라 해석할 것이다.

마찬가지로, 게슈탈트 접근에서라면 이완방략 대신(또는 이완방략과 더불어) 몸의 어떤 지점에 긴장을 느끼는지 잘 자각해 보아 전인적인 존재로서의 경험에 대해 통찰할 수 있도록 격려했을 것이다.

네 번째 이메일

Anne 선생님,

우리가 좀 더 앞으로 나아가고 있는 듯해요. 도움이 되는 구체적인 것들 몇 가지를 배우고 나니 마음이 좀 놓여요. 다시 통제력을 회복하고 싶었기 때문이 아닐까 해요. 메일을 길게 써 주셔서 정말 좋았어요. 심호흡도 도움 됐어요. 직장에서 호흡법을 해 보았는데 눈물 흘리는 일이 줄었어요. 저는 제 일을 사랑하기 때문에, 일을 망쳐서 자책에 빠지기 싫어요. 그러니까 아주 중요한 도움을 받은 거예요. 다른 이들은 모두 아주 자신만만해 보여요. 아직 의사를 만나 보지는 않았어요. 특별히 문제가 있는 것도 아닌데 시간만 뺏는 멍청하고 귀찮은 존재가 되기는 싫었거든요. 그래도 계속 좋아지지 않는다면 의사를 만나 볼까 해요.

만약 기적이 일어난다면 통제감을 좀 더 느끼고 '이건 하고 싶지 않아' '이건 꼭 하고 싶어' '지금은 이건 못해'라고 말할 수 있을 거예요. 사람들은 제가 원하건 원치 않건 시키면 다 해 낼 것이라 기대하는 것 같아요.

내 감정을 항상 숨겨 왔느냐고요? 잘 모르겠네요. 확실치는 않지만 어릴 때는 안 그랬던 것 같기도 해요. 엄마는 자신의 감정을 많이 드러내셨고, 자기 감정을 표현하는 게 좋다고들 말하지만, 그런 게 주변 사람들을 힘들게 할 수도 있지 않을까요? 아이들이 성질을 부리면 어떻게 해 줘야 할지 몰라서 당황하게 돼요. 어릴 때는 어르고 달래 주면 나아졌는데 지금은 그런 방법이 통하기엔 너무 커 버렸어요(이제 여섯 살, 여덟 살이에요). 남편에게 이 얘기를 하면, 거기에 신경을 안 쓰다 보면 다 좋아질 거라고 해요. 그리고 당연히 직장은 자기 감정을 드러내서 표현하면 안 되는 곳이니까요. 아닌가요?

당신이 보내 주신 이메일을 읽을 때 어떤 점이 도움 되었기에 4점 정도라 느꼈는지 물어보셨지요. 아마 제가 겪고 있는 일들에 대해 함께 걱정해 주시는 것 같아서 마음이 따뜻해졌던 것 같아요. 한심해 보이죠? 2.5점이 되려면 무엇이 도움 될까도 궁금해하셨죠. 여기 적기에도 유치한 것 같기는 하지만, 제가 뭔가 잘하고 있는 것 같았어요. 4점이나 받은 거예요. 정말 대단한 작자와 메일을 주고받는다 생각하시지 않나요? 4.5점까지 가려면 뭘 해야 할까 고민하게 되더라고요. 아마 기분이 가라앉을 때 당신이 보내 주신 이메일을 다시 읽고, 당신이 제안한 자기 돌보기 행동 중 하나를 해 보는 게 어떨까 해요. 아마 오늘 밤 그렇게 할 것 같네요. 돌아오는 화요일에 메일함 확인할게요.

감사합니다.

Chris로부터

이 메일에는 정신역동적인 상담자의 흥미를 끄는 여러 자료가 담겨 있다. 모성전이가 좀 더 명백해진 것인가? 상담자를 기쁘게 해 주려는 의도나 괜찮은 사람으로 인정받고 싶어 하는 소망('저를 정말 대단한 작자라 생각하실 것')이 나타나는가? 유년기와의 연관성과, 그 시기가 현시점에 대해 갖는 영향력은 분명히 드러나고 있다. 어떤 유형의 애착이 형성되었는가(Bowlby, 1971)? 스스로 멍청하고 성가신 사람이라 생각하는 Chris의 '내적작동모델'을 엿볼 수 있는 힌트가 드러나는가? 교류분석 상담자라면, 감정을 드러내는 것에 대해 양가적인 메시지가 담겨 있는 내담자의 과거 이야기에 우선 관심을 두고, 이를 가능한 각본 중 하나라 볼 것이다. 내담자의 내면아이에 대한 작업이 도움 될 것으로 생각할 수도 있을 것이다.

면대면상담 시 사용되는 창의적인 접근을 이용할 의향이 있다면(6, 7장 내용도 참조), 이때 적용할 수 있는 기법도 다양하게 존재한다. Chris로 하여금 배우자, 어머니, 또는 어린 시절의 자신에게 부치지 않은 편지를 써 보게 할 수도 있다. Chris의 어린 시절 사진을 스캔하여 화면에 띄우고(또는 실제 사진을 자기 앞에 두고 보게 하여), 사진을 보며 어떤 생각이 들고 어떤 감정이 일깨워지는가를 적어 보게 할 수도 있다. '기적의 날 나의 모습'을 그리거나 콜라주하여 상담자에게 보내도록 할 수도 있다. 이런 것들이 당신의 상담 작업 방향과 잘 맞는다면 6, 7장을 다시 읽어 보면 좋을 것이다.

Chris 님

이메일 감사합니다. 호흡법이 도움이 되었다니 다행이네요. 자기 돌보기를 해 보겠다 하셨는데, 해 보셨나요? 해 보니 어떠셨어요?

답장을 읽으며 먼저 눈에 띈 점은 계속해서 자신을 비하한다

는 것이었어요. 그 점에 대해 알고 있는지요? 당신은 '부적절한' '한심한' '작자' '멍청한' 등의 표현을 쓰고 있네요. 그런 것들이 과연 자신에게 보내고 싶은 메시지일까 궁금해지네요. 어쨌든 자신이 괜찮지 않다는 의미일까요? 제가 피드백을 해 주자면, 이메일을 통해 본 당신은 그렇지 않았거든요. 네, 물론 당장은 감정을 다루기에 버거워하는 것이 사실이지만, 한심하다거나 하는 표현은 맞지 않아요. 우리가 함께하는 작업에 자신을 바쳐 참여하고 이를 통해 뭔가를 이뤄 내고자 노력하는 모습이 대단하다고 저는 생각할 뿐입니다.

이제 몇 가지 점들에 대해 궁금함이 생기기 시작하는데 괜찮으시겠지요? 제가 생각해 본 것들일 뿐이니 잘못된 생각이거나 잘 맞지 않는 것 같다면 무시하고 아니라고 말씀해 주시면 됩니다.

어머니에 관한 얘기에서 깨달은 점이 있는데요. 어린 시절 엄마가 감정을 드러냈을 때 어쩔 줄 몰라 힘들었었나요? 그래서 감정을 숨기게 되었나요? 그리고 이제 당신의 배우자 역시 당신이 감정 표현하는 걸 기꺼워하지 않는 듯이 느끼나요?

무모하다고 할 수 있지만 2점짜리 기분과 2점짜리 기분을 더해 4점이 아닌 5점을 만들어 보고자 모험을 해 보려 해요. 그런데 아무리 대단한 일이 있더라도 5점 정도에 이른 적이 있기는 했을까 하는 생각이 들었어요. 이런 질문을 하는 이유는 자신의 아이들은 잘 다룰 수 있다고 생각했는데 아이들이 나이 들면서는 그게 어려워졌다는 말을 들어서예요.

제 이메일을 읽었을 때 어떤 기분이었는가를 잘 얘기할 수 있다는 점이 반가웠어요. 한심한 게 아니라 아주 솔직하다 느꼈어요. 할 수 없으리라 생각했던 일이었는데, 해냈다는 점을 알아차리셨는지 모르겠네요. 자신의 감정을 숨기지 않았고 그것을 제게 말해 준 것입니다. 어떤 기분이 드나요? 어떻게 해 낼 수 있었나요?

내킨다면 몇 가지 시도를 해 볼 수 있습니다. 첫 번째는 계속 점수를 매겨 언제 기분이 좋아지고 기분이 나빠지는지를 알아보는 것입니다. 점수를 올리는데 도움이 된 일은 무엇이었나요? 그리고 그 일을 어떻게 더 계속 할 수 있을까요? 두 번째는 다른 이들에게 하기 어려운 말, 예를 들어 '싫어요, 지금은 할 수 없어요.' 같은 말을 하는 자신을 그려 보는 것입니다. 실제로 해보라는 것이 아니라 실제 인물을 선택해 시나리오를 생생하게 떠올려 보고 그 말을 하면 발생할 수 있는 가장 두려운 결과는 무엇일지 적어 보세요.

따뜻한 마음을 담아

Anne

이 메일에서는 인지행동적인 상담자가 앞선 이메일에서 제안했던 전략과 기법을 강화하면서 얘기를 시작하고, 내담자의 경험에 대해 피드백을 주기도 하고 또 다른 과제들을 제안하기도 하는 것을 볼 수 있다. 내러티브와 해결중심단기치료 기법에서 궁금함을 이용하고 있는 방식에 대해서도 볼 수 있다. 또한 여기서도 내담자를 긍정해 주는 지점들이 존재한다. 이는 원 애착 관계의 문제점을 고치기 위해 새로운 유형의 애착을 형성해 가는 것이거나, 자아를 강화하는 것, 또는 단순히 관계 형성을 위해 핵심 조건을 활용하는 것일 수도 있다.

당신이 실존적인 틀에서 작업하는 상담자라면 앞서 나온 이메일들과는 완전히 다른 방식으로 작업할 것이다. 당신은 마음속에 커다란 질문—'내 인생의 의미는 무엇일까?'에 대한 답을 찾기 위해 분투하는 내담자와 어떻게 함께할 것인가—을 품은 채 작업할 것이다(van Deurzen-Smith, 1988). 아마 실존적 상담자라면 소외, 고독, 시간, 운명 등 인간이란 존재의 기본적 불안, 그리고 이에 반해 사랑, 영원, 책임 등을 통해 불안을 극복하려는 노력에 대해 깊이 성찰해 보도록 집중할 것이다. 당신은 내담자를 변화시키거나 '치료'하려 하지 않을 것이다. 단지 삶과 생활에 조화될 수 있도록 돕고자 할 것이다.

예시 이메일들을 '좋은 e-테라피(e-therapy)'의 전형이나 치료의 최종판이라 제시한 것은 아니다. 그보다는 면대면상담 모델을 온라인에서 어떻게 적용하고 구현할 것인가를 보여 주려는 의도로 구성된 내용이다. 내담자에 반응하는 데 있어 단 하나의 올바른 방식이 있는 것은 아니다. 아마도 내담자와 우리 자신에게 무엇이 가장 도움이 될 것인가는, 실제 그들과의 작업을 통해서만 알 수 있다. 바로 이점이 우리가 온라인 수련에 전력을 다하는 이유이기도 하다. 온라인은 이러한 것들을 찾아 나가는 데 있어 안전한 환경 역할을 한다. 11장에서는 수련에 대해 좀 더 알아볼 것이다.

연습 활동

1. 자신의 상담 모델에 대해 생각해 봅니다. 상담 모델과 관련하여 학위나 자격 취득 과정에 이미 작성한 문서가 있다면 그 문서를 이용하세요.

2. 주요 개념이나 기법을 온라인상에서 어떻게 활용할 수 있을 것 같나요? 자신의 상담 모델을 온라인 작업에 적용하는 데 예상되는 어려움이 있나요? 그렇다면 이 문제를 어떻게 극복할 수 있을까요?

3. Chris의 첫 이메일로 돌아가서 자신의 접근법에 맞춰 어떻게 반응할 수 있을지 생각해 보세요. 더 나아가서 면대면 내담자를 담당한 것으로 가정하여 전체 작업을 떠올려 보고 당신과 Chris 사이에 주고받는 이메일 내용을 구상해 보세요.

4. 내담자가 이용할 수 있게 개발된 온라인상담 웹사이트를 살펴보고, 데모 이용[2)]이 가능한 경우 실제 이용해 보세요.

2) [역주] Demonstration. 시범적, 한정적 사용을 의미한다.

10장
경계와 온라인상담

앞선 내용에서 온라인상담에 대해 개관해 보았으며 이 장에서는 온라인상담에서 제기될 수 있는 경계 관련 사안(boundary issues)에 대해 다루고자 한다. 이러한 사안 대부분(전부는 아니지만)은 치료 작업에 더해 추가적인 지원을 받는 것과 관련이 있다. 이 장 처음에는 다른 사이트를 방문하거나 다른 인터넷 플랫폼(자조 프로그램, 공공 게시판, 블로그, 휴대전화, 음성이나 화상 회의실, 가상현실 웹사이트 등)을 통해 내담자가 추가로 지원받는 방법에 대해 논할 것이다. 특히 다음과 같은 이유로 인터넷을 활용할 수 있는 방도에 대해 논할 것이다.

- 부가 정보 습득을 위해
- 상담관계 안에서 추가 지원을 받기 위해

- 위기 상황에서 지원받기 위해
- 내담자나 상담자가 여행 중에 상담을 지속하기 위해

두 번째로는 상담자와 내담자 간에 정해진 계약에 없던 연락을 하게 되면서 상담동맹의 경계가 확장되는 경우, 그리고 이러한 경우에 발생할 수 있는 윤리적 문제에 대해 논할 것이다.

정보와 지원을 위한 자원으로 인터넷 이용하기

정보 자원으로 인터넷을 활용하면 상담자와 내담자 모두에게 도움이 된다. 인터넷에는 상담 진행 과정에서 발생 가능한 많은 문제에 대한 자세한 정보가 담겨 있다. 예를 들어, 내담자의 의학적 문제에 있어서, 의학적이거나 신체적인 측면에 대한 관련된 정보를 얻고 필요한 경우 이를 감안해서 상담할 수 있다. 내담자 스스로 인터넷 검색을 해 보고 염려되는 부분에 대해 추가적인 정보를 알아보도록 권유할 수도 있다. 어떤 상담자의 경우에는 필요한 정보나 기사를 모아 내담자에게 이메일을 보내기도 한다.

내담자 지원을 위해 다음과 같은 것들을 권유할 수 있을 것이다.

- 내담자의 문제에 대해 다루는 정보 사이트를 방문하여 알아보기
- 인지적인 또는 인지행동적인 기법을 이용하는 자조 프로그램(예, https://moodgym.com.au[1])을 끝까지 완료해 보고 사이트의 담당 온라인상담자와 발전된 부분에 대해 논의해 보기

- 내담자 문제와 관련된 내용을 열람할 수 있는 사이트의 열린 게시판을 방문하고 가능하다면 논의에도 참여해 보기
- 내담자 문제와 관련된 사이트를 방문하여 유사한 처지에 있는 사람들이 대화를 나누는 열린 채팅방에 참여하기
- 개인 블로그가 모여 있는 사이트를 방문하여 비슷한 문제를 가진 사람들의 블로그를 방문해 보고 댓글 등으로 참여하기
- 블로그를 만들어 생각을 적고 내가 쓴 글을 읽은 후 자신의 상황에 대해 공유하는 사람들이 보내 준 메시지를 받기

일부 온라인상담자들은 정기적으로 인터넷을 찾아보고 내담자에게 보내 주면 도움이 될 만한 사이트 목록을 업데이트한다. 또 다른 상담자들은 검색도 치료의 일부로 보고, 직접 추천하기보다는 내담자가 스스로 찾아볼 수 있게 한다. 사이트를 보유하고 있는 온라인상담자는 격려와 모니터링을 제공하는 용도로 게시판을 운영하기도 한다. 이전에 상담을 받았던, 또는 현재 상담받고 있는 내담자를 대상으로 상담자가 운영 중인 게시판에 내담자가 가입하도록 권하기도 한다. 내담자의 게시판 활동 개시는 곧 유사한 문제를 극복해 낸 이들을 만나서 상담자로부터 분리해 나가는 과정의 시작이기도 하다. 국제온라인정신건강협회[International Society for Mental Health Online (ISMHO), 2005]의 논문에 실린 게시판 지원 사례도 있다.

---

1) [역주] 무드짐(moodgym)은 불안, 우울 등의 정서문제를 극복하고자 하는 이들에게 인터넷 기반 치료 프로그램을 제공하는 사이트이며 중국, 핀란드, 네덜란드, 노르웨이 등지에서도 현지화된 프로그램이 활용되고 있다. 국내에서 이와 유사한 사이트로 마음터치(blutouch.net/touch/main)가 있다.

지금까지 얘기한 지원 방법들은, 치료받는 과정에서 증진된 자기 이해를 활용하여 내담자가 각자 노력해 볼 기회를 제공한다는 점에서 모두 다 치료에 도움이 된다. 내담자들은 치료 중에 인터넷을 통해 기술들을 시도해 보고(예, 세컨드라이프와 같은 곳에서 자신의 아바타를 이용하여 연습하는 등) 상담자와 함께 결과를 공유하고 아이디어를 다듬어 나갈 수 있다. 상담자로부터 점차 분리해 나가는 과정에서(상담자를 대체하여 인터넷을 지원 수단으로 이용하여), 필요한 시점에는 실제 삶에서 적용할 수 있는 준비가 될 때까지 새로 배운 생활 기술을 상담자와 다시 검토하는 시간을 갖기도 한다.

추가적인 지원을 위한 인터넷 활용

인터넷에서 정보를 찾는 것과 마찬가지로, 상담자에게 연락을 취해서 온라인 치료 회기 사이에 추가 지원을 받으려는 내담자도 있다. 이러한 유형의 연락은 약속된 바 없는 연락이기는 하지만 합의된 작업 동맹의 경계를 약화시키는 경우는 많지 않으므로, 동맹을 위협할 가능성이 있는, 계약 범위를 벗어난 연락과는 혼동하지 말아야 한다. 이런 추가적인 지원의 예시는 다음과 같다. 이 이메일은 정기 이메일 회기 이틀 뒤에 받은 것이다.

> 말씀을 듣고 여러 가지 생각이 들었어요. 특히 남편과 함께일 때 제가 어떠한가에 대해 여러 생각이 들어서, 생각들을 적어 봤어요. 여기 파일로 첨부해서 보냅니다. 다음 이메일 회기 전에 읽어 볼 시간을 내실 수 있으면 좋겠지만, 그러지 못한다 해

도 적어 보는 것만으로도 도움이 됐어요. 이렇게 명확하게 보인 적이 없어요. 정말이지 제가 생각을 할 수 있게 해 주셨어요.

또 다른 추가 이메일 연락의 예시로, 실제 회기에서 논의했고 치료적인 과제가 될 것이라 동의했지만 어찌해야 할지 모르는 경우를 들 수 있다.

글쓰기 과제를 해 보려 했는데 어떻게 시작해야 할지 모르겠어요. 몇 글자 적고 나면 무슨 말을 해야 할지 모르겠어요. 뭘 잘못하고 있는 걸까요? 도움 좀 부탁드려요.

면대면상담에서는 회기 사이에 이런 연락이 오는 경우가 아주 드물기에, 이런 메일에 답하는 행동이 부적절한 것 아닌가 생각할 수도 있다. 하지만 이런 대목에서 온라인 환경은 면대면 상황과 큰 차이가 있다. 온라인 추가 지원이나 도움이 필요한 내담자가 존재하고, 실제로 많이 청해 온다. 면대면으로 만난 적이 없는 이와 고통스럽고 힘든 부분에 대해 어렵게 작업하고 있는 상태에서, 상담자가 시의적절하고, 간략하고, 지지적인 방식으로 답해 준다면 자신을 뒷받침해 주는 것 같은 느낌이 들 것이다. 상담자가 신속하게 반응해 주는 것 역시 이러한 안정감에 보탬이 될 것이다.

두 번째 예시와 같은 상황에서는 내담자의 감정을 잘 알아주되 간략하게 지지해 주는 선에서 반응해 주는 것이 좋다. 첫 번째 내담자 경우에도 첨부한 글을 읽어 볼 여유를 내지는 못한 상태에서 우선 반응부터 해 줄 수도 있다. 다음과 같이 답할 수 있을 것이다.

> 안녕하세요? 지난번 메일 이후 많은 생각을 했다는 얘기를 들으니 흥미롭네요(하지만 놀랍지는 않아요. 회기 중에 아주 열심이었잖아요). 새롭게 생각해 본 것들을 적고 제게 보내 주어 감사합니다. 다음 주 이전에 시간이 난다면 꼭 관심을 가지고 읽어 볼게요.
> Gill Jones 드림

과제 완료에 대해 의문이 있는 경우(두 번째 예시에서처럼), 필요하다면 과제에 대한 언급을 추가하는 것도 좋다. 치료 중에 이미 논의했던 사항을 다시 읽어 보고(온라인 치료의 경우 작성한 글이 남아 있다는 점이 도움 되는 부분이다) 자신이 지금 직면한 어려움의 기조와 맥락을 다시 환기해 볼 수 있을 것이다.

> 안녕하세요? 메일을 받고 두 가지 감정이 들었어요. 과제작성에 어려움이 있다는 말은 안타까웠지만 혼자 고민만 하지 않고 제게 알려 왔다는 점은 다행이에요. 과제작성에 도움이 될 만한 글을 보내드릴게요. 논의로만은 쉬워 보이더라도 실행하는 것, 특히 혼자 해내는 것은 어려울 수 있어요. 지난 회기에 다룬 내용을 기억하시나요? 제 기억으로 당신은 필요한 모든 능력을 갖췄지만 때때로 스스로 자신감을 잃는다고 얘기했었지요. 지난번 나눈 얘기를 다시 읽어 보면 그때 느낌을 다시 떠올려 볼 수 있을 거예요(지난 메일 글을 지워버렸다면 제가 보관한 글을 다시 보내 드릴 수 있습니다).
> 어떻게 해 나가는지 또 알려 주세요. 다음 회기를 기대하고 있겠습니다.

Gill Jones 드림

회기 사이에 연락할 때는, 이메일에 직접 쓴 목적 외에도 내담자가 온라인 환경에서 작업하는 것에 대해 힘들고/고통스럽고/두렵게 느끼고 있다는 의미도 있다. 회기 사이에 메시지를 보냈다면, 다음 치료 회기에서 이에 대해 다루는 것이 도움이 된다. 온라인상담을 받는 것이 어떤지를 간단히 질문하는 것만으로, 고립감이나 혼자 힘든 작업을 해야 한다는 것과 같은 감정에 대한 논의를 시작하기에 충분하다. 내담자 대부분이 이러한 '지금 그리고 여기'의 논의로부터 도움을 받고, 두려움을 느꼈던 작업을 다시 시작할 용기를 얻는다. 이러한 논의는 치료적 동맹을 강화하는 데도 도움이 된다.

연습 활동

당신의 정규 내담자로부터 다음 이메일을 받았다고 생각하고 짤막하게 지지적인 반응을 적어 보십시오.

안녕하세요? 어머니께 성질부리지 않으려 했는데 아시다시피 너무 요구가 많으셔서 가끔 그게 어려워요. 오늘 저녁에도 화를 냈어요(그러면 안 된다는 건 알지만 어쩔 수가 없어요. 너무 짜증스럽게 굴거든요). 저녁 식사를 준비하게 내버려 두지를 않고 자꾸 와서는 앉아서 얘기나 하자는 거예요. 결국 바쁘다고 소리 지르고 나서야 조용해지시더라고요. 그러고 나니 당연히 죄책감이 들어 어머니가 어떠신지 보러 가고 앉아서 얘기까지 했어요!(결국 매번 당신 뜻대로 하세요). 가끔은 제가 자신을 위해 보내는 시간이 얼마나 짧은지를 전혀 모르시는구

> 나 싫어요. 회기 사이에 이런 식으로 번거롭게 해드려 죄송하기는 하지만 마음에서 이 얘기를 털어 버리고 싶었어요. 이제 말씀드리고 나니 좀 나아요. 이제 이전처럼 다음 주에 봬요.
> K로부터

위기 상황에서 온라인으로 지지 제공하기

지지적인 반응은 심각한 위기 상황에서의 내담자에게도 필요하고 큰 도움이 된다. 이러한 위기에는 사별, 내담자나 가족 구성원의 질병, 그 외 예상치 못한 상실이나 관계 문제도 포함된다. 자살 욕구를 느껴 도움을 요청할 수도 있다. 비자살적 위기는 시의적절하고 지지적인 반응을 통해 일시적으로 안정시킬 수 있으며, 가능한 경우 위기에 대한 추가적인 평가를 위해 회기 일정을 조정해서 앞당길 수도 있다. 내담자에게 자살 충동이 실재한다면 회기 사이에 연락하여 이를 알려올 수도 있다. 그러한 경우라면 면대면상담에서와 마찬가지로 대처하면 된다. 자신이 가진 치료적 틀 안에서 위기를 다루겠다고 결정할 수도 있고, 온라인 사마리탄(http://www.samaritans.org)과 같은 자살 위기 지원 서비스 기관에 연락해 보도록 권할 수도 있다. 이는 개인의 역량이나 선호에 따라 선택할 문제이다. 자살 감정에 대해 탐색하는 과정에서 내담자와 함께하겠다고 결정했다면 내담자가 연락을 받지 않는 경우 어디로(경찰, 의사, 사회복지기관, 가족, 또는 친구) 연락을 하면 좋을지, 어떤 시점에는 꼭 연락해야 할지를 합의하여 정하는 것이 현명하다. 가능하면 지리적인 위치정보를 알아 두는 게 좋고, 이상적으로는 집 주소, 불가능하다면 집 전화번호라도 알아 둬야 한다.

다음과 같은 간략한 계약서를 이메일을 통해 보낼 수 있다.

> 꼭 온라인으로 연락이 닿아 대화할 수 있도록 하겠습니다. 우리가 함께 작업하면서 당신을 지지하려 하고 당신이 연락하여 도움을 받을 수도 있을 것이지만, 우선 몇 가지 중요한 사항에 대한 합의가 필요합니다. 당신에게 미리 알리지 않은 채 다른 누군가(상사 등 권위적인 인물, 가족 또는 친구)에게 위험을 알리는 일은 없을 것이지만, 정해진 시간(특정 시간을 정해서 밝힌다) 이후에도 소식이 없는 경우, 당신이 의식이 없고 죽으려 하는 것은 아닌지 알 수 없는 경우를 대비하여 당신을 위해 누군가(친구, 가족, 경찰, 구급차, 의사 중 지정하여 적는다)에게 연락을 취할 것이라는 점에 동의해 주어야 합니다. 그들이 당신을 도울 수 있도록 현재 거주지(주소나 집 전화)에 대한 정보를 제게 제공해 주시기 바랍니다. 다음 답신에서 이 정보를 제공하시겠습니까?

물론 내담자가 제공한 정보가 정확한 것인가를 확인할 수 있는 방도는 없고(실제 정보를 사용할 필요가 생기는 순간까지는), 자살하겠다고 마음먹으면 당신과 온라인 연락이 닿건, 자살 위기 서비스에 전화나 메일 연락이 닿건, 그렇지 못하건 자살을 범할 수 있다. 어떤 상담자들은 휴대전화 문자 메시지를 통해 위기 상황을 다루기도 하고 메신저나 이메일 연락을 통해 여전히 온라인상에서 문제를 다루기도 한다. 이스라엘 하이파 대학교의 Azy Barak 교수는 자살 위기를 경험하는 이스라엘인을 위해, 2001년부터 자살 대화 서비스(SAHAR, 참고문헌 참조)를 만들어서 서비스하고 있다. 자살 관련 상황을 포함한 모든 위기 상황에는 상담자 지원을 위한 추가 슈퍼비전도 계획할 수 있다.

인터넷은 신속하고 효율적인 소통이 가능하기에, 추가적인 연락을 취하는 데 최적화된 수단이다. 온라인 치료를 하다 보면, 인터넷을 통해 부가적이고 상담계약에 없던 연락을 하는 것이 자신의 욕구를 채우는 방식의 하나인 내담자도 볼 수 있다. 이런 경우 치료 과정에서 이에 대해 함께 다루기도 한다. 내담자가 정기적으로 회기 간 연락 주고받기를 원한다면 상담자와의 치료적 만남에 추가로 다른 온라인 지원 체계를 찾아보도록 격려하는 것이 적절하다.

회기 간 연락에 대한 제안

- 메시지를 보낼 때는 지지적이되 간략하게 할 것
- 되도록 빠르게 반응할 것(내용만큼 반응해 주는 속도에도 지지받는 느낌이 좌우된다)
- 치료에 비공식적인 분량이 많아지는 것을 경계할 것(필요하다면 계약을 다시 한다)
- 정해진 경계를 지키고 필요한 경우(위기 상황 등) 다시 계약할 것
- 계획에 없던 연락을 한 뒤에는, 온라인 치료 작업에 대한 내담자의 감정에 관해 기회를 보아 되도록 빨리 탐색해 볼 것
- 필요하다면 추가적인 지원을 받을 수 있는 토론 포럼이 있는 다른 사이트를 추천할 것

내담자나 상담자가 여행 중에 계속 상담하기

내담자나 상담자의 여행 중 상담 작업을 지속하는 데는 인터넷이 아주 적합한 방식이다. 정기적으로 집을 떠나 일정 시간을 보내는 이들, 예를 들어 연중 얼마간을 해외에서 일하는 석유 산업 종사자 등에게는 도움이 된다. 집에 머무는 동안에는 면대면 회기에 참여하다가 집을 떠나 있을 때는 인터넷을 이용하여 연락하는 식으로 중단 없이 치료를 지속해 갈 수도 있다. 어떤 내담자들은 특정한 경험이나 전문성을 가졌다는 이유로 아주 먼 곳에 떨어져 있는 특정 상담자를 선택하기도 한다. 그러한 경우 초기 면대면 평가 회기를 가진 후, 온라인상담을 해 나가다가 긴 간격을 두고 면대면 회기를 갖는 식으로 계약할 수도 있다. 배낭여행자나 갭이어[2]를 보내는 학생과 같이 컴퓨터 없이 여행하는 경우, 인터넷 카페를 이용해서 이메일 또는 실시간 온라인 회기로 온라인상담이 가능하다(일반적으로 인터넷 카페와 같은 열린 공간에서 실시간 온라인상담을 하는 것은 추천하지 않는다).

2) [역주] gap year. 고등학교를 졸업한 뒤 대학에 진학하지 않고 다양한 경험을 통해 진로를 탐색하거나 자신이 나아갈 방향을 찾는 기간. 최근에는 직장이나 학업을 잠시 중단하고 다른 일을 해 보는 기간을 뜻하는 말로도 사용된다.

연습 활동

격주 간격으로 이메일을 주고받던 내담자로부터 다음과 같은 메시지를 받았습니다. 담당 상담자라 생각하고 메일을 보내서, 정해진 회기 간에 얻는 정보를 어떻게 다룰지에 대해 의논해 보십시오.

> 안녕하세요? 직장에서 승진되어 월요일부터 새로운 사무실로 옮기게 되었어요. 이제 더는 Sally에게 보고할 필요가 없어졌어요(어떤 의미인지 잘 아시죠!). 전보다 출장도 많아질 것 같아요(이 부분은 아직 확실하지는 않은데, 집 떠나 지내는 게 싫기는 해도 기회가 왔을 때 거절할 수는 없었어요). 정기적인 회기를 지켜 나가고 싶지만 집을 떠나 있는 동안은 어려울 거예요. 그래서 드리는 말씀인데 정해진 회기 이외에도 이메일을 보내 근황을 알려도 될까요? 글로 적는 것이 정말 큰 도움이 되고, 답장을 주시지 않더라도 머릿속의 생각을 끄집어내어 컴퓨터 화면에 펼쳐 정리해 볼 수 있게 해 주거든요. 일을 새롭게 시작하게 되어 흥분되면서도 또 한편 두렵기도 해요! 전처럼 다음 주에 메일 드릴게요. 메일을 통해 앞으로 어떻게 계속 연락을 주고받을지에 대해 상의하면 좋겠어요.

인터넷상담에 다른 플랫폼 이용하기

휴대전화는 대개 가까이 두기 마련이고 간편한 사용이 가능하다. 만일 휴대전화로 문자나 음성사서함 메시지를 받는다면, 내담자가 휴대전화로 이메일 확인이 불가능할 가능성을 대비하여 똑같은 방식, 즉 문자나 음성사서함으로 답하는 것이 좋다. 온라인상담자들은 회기 시간의 변경이나 회기 시간 확인 알림(상담자 중에는 시간 확인 알림이 내담자의 자율성을 침해할 수 있다고 생각하는 이들도 있다)이나 기술적 문제(4장에 다루었듯이)가 있을 때도 휴대전화를 활용한다. 타이핑이나 글쓰기가 어려워서(경험 부족이나 장애 등의 원인으로) 인터넷전화를 통한 상담을 원할 수도 있다. 이러한 연락 방식에서 가장 흔히 사용되는 프로그램이 스카이프(http://www.skype.com)이다.[3] 이런 프로그램을 이용하여 전화할 때의 이점은 상대 컴퓨터로 연결할 때 무료통화(상대의 전화로 연결할 때는 저렴한 가격으로)가 가능하고, 전화 내용을 녹음하여 내담자의 컴퓨터에 음성파일로 전송할 수 있어서(7장 참조) 다시 들어보는 게 가능하다는 점이다. 이들 프로그램의 단점은 브로드밴드 연결하에서도 음성이 왜곡될 수 있고(연결 품질에 따라 달라짐) 통화 중에 일시적인 끊김이 발생할 수 있다는 점이다. 스카이프나 메신저 프로그램에도 화상회의 기능이 추가되면서 웹캠(컴퓨터 카메라)을 이용하는 화상회의의 활용도도 점차 높아지고 있다. 하지만 화면 끊김 현상 등이 문제 될 수 있으므로 고속 브로드밴드 인터넷 연결이 가능한 경우에만 이용 가능하다.[4] 화상상담 서비스를 제공하는 온라인상담자들이 이미 존재하지만, 고품질의 음성과 영상 제공이 보장되는 경우라 해도 같은 공간 내에서 함께 마주하고 있는 것과는 다르다는 점은 알고 있어야 한다. Casemore와 Gallant(2007)는 화상 슈퍼비전에 대해 논하면서 "상담이라면 반드시 이러할 것이라고 기대했던 것(중략) …에 대한 기대가 충족되지 못한(중략) …부재감"에

3) [역주] 최근에는 Zoom이나 Google Meet와 같은 프로그램이 많이 사용되고 있다.
4) [역주] 고속 인터넷망이 보급되지 않거나 이용 불가능한 국가나 지역이 다수 존재한다.

대해 논하였다(p. 44). 세컨드라이프와 같은 가상현실 공간에서는 이러한 부재감을 상쇄할 수 있는 어느 정도의 '실재감'이 제공된다. 세컨드라이프에서 회의에 참여하는 성원은 자신이나 다른 회의 참여 성원의 아바타가 같은 가상공간에서 함께하는 것을 볼 수 있다. 회의 중에 실시간 발언을 할 수도 있고 자신의 실재감이나 참여도를 높이기 위해 아바타 몸짓이나 몸짓 언어의 활용도 가능하다.

연습 활동

당신은 학생상담을 담당한 온라인상담자로서 내담자로부터 다음과 같은 문자 메시지를 받았습니다.

> 안녕하세요? 오늘 그 사람들 만날 예정. 너무 겁나요. 혹시 도움 주실 수?

휴대전화로 전송 가능한 지지적인 답변을 작성해 보세요.

(참고로 통신서비스업체에 따라 띄어쓰기 포함 100글자 이내로 문자를 제한하기도 한다.)

상담계약에 없던 연락

계약에 없었던 연락 중에는, 상담자와 내담자가 함께 정했던 기존 상담계약에 위배되거나 작업을 방해하고 특정한 전이적 감정이나 윤리적 문제를 유발하는 유형도 있다. 이러한 유형의 예정에 없는 연락은, 위기 상황에 접했거나 특정한 문제로 도움과 지원이 필요한 내담자가 해 오는, 앞서 보았던 것과 같은 추가적인 연락들과는 다르다. 추가 연락을 주고받을 때는 항상, 사전 합의 내용에 없는 자발적 연락이 인터넷이나 온라인상담에서의 상담 경계를 흐릴 수 있다는 점을 명심해야 한다.

어떤 온라인 내담자들은 상담자의 관심을 더 받기 위해 추가적인 이메일이나 문자 메시지를 보내려 할 수도 있다. 그러나 이런 연락도 합의된 계약조건에 위배되는 것이므로, 상담자는 앞서 본 내용과 마찬가지로, 계약의 경계 회복을 위해 내담자에게 이 점을 일깨워 주어야 할 것이다.

정해진 경계를 회복하기 위해서는 계약에 없던 연락을 신중하게 다뤄야 한다. 미리 정한 범위 안에서만 추가적인 연락을 허용하는 식으로, 기존 계약조건을 변경하는 조정이 필요할 수도 있다.

때로 계획에 없던 연락을 통해 상담에서 활용 가능한 정보를 얻을 수 있고 활용이 불가능한 정보를 얻게 되는 경우도 있다. 이 상황에서 얻은 정보가 상담관계의 경계를 흔드는 동시에 유용한 정보가 되기도 하는 예시 두 가지를 다음에서 볼 수 있다.

1. Bridget은 온라인 내담자로부터 다음 이메일을 받았다.

> **죄송하지만 오늘 저녁 만남은 취소해야 할 것 같아요. 남편이 방금 전화해서 오늘은 일찍 집에 온다고 하는데 그이가 있으면 상담이 어렵거든요. 제가 상담받는 사실을 모르는데 위층에 와서 저를 보면 안 되거든요. 다음 주 같은 시간에는 그이가 아마 야근할 테니 그때 뵐 수 있을까요?**

뒤늦게 회기가 취소되는 바람에 발생한 어려움을 어떤 식으로든 해결해야 한다는 문제는 차치하고, Bridget은 전에 몰랐던 사실을 알게 되었다. 내담자가 상담받는 사실을 남편이 알고 있는지에 대해 이전에는 논의된 바가 없었고, 이것은 이전에 작업해 온 것과 관련하여 의미 있는 부분일 수 있기에 치료적인 의미에서 탐색해 볼 만한 가치가 있는 영역이라 생각되었다. 또한 그런 사실이 계획되지 않은 연락을 통해 전달되었다는 점 때문에 Bridget은 염려되는 바에 대해 슈퍼바이저에게 상의했다. Bridget은 자신이 먼저 치료에서 이 내용을 주제로 꺼낼 것인가, 아니면 내담자가 우선 얘기할지 여부를 선택할 수 있도록 기다려 줄 것인가를 정하는 데 있어서, 각각의 경우 어떤 결과가 따를지 예상해 보았다. 간단한 논의 뒤에 Bridget은 내담자가 자연스럽게 꺼낸 얘기이니만큼 다음 온라인 회기 때 다루는 것이 좋겠다고 결정하였고 그렇게 실행하였다.

2. Mary는 내담자의 아내로부터 이메일을 받았다. 문제의 내담자는 최근 실시간 회기를 취소하고 이메일을 통해 소식을 알려 왔다. 그의 아내는 남편의 주소록을 찾아 Mary의 메일 주소를 알아냈다고 했다.

X(내담자)가 아직도 상담을 받고 있는지 말씀해 주실 수 있나요? 남편이 외도하고 있는 것 같은데 상담받는다고 한 시간에 여자를 만나는 거 같거든요. 상담에서 무슨 말을 하는지는 알 필요 없고 상담을 받고 있는지만 확인해 주세요. 그 사람 거짓말 때문에 미칠 것 같아요.

이런 메일을 받고 Mary는 여러 가지 생각이 들었다. 답장해야 할까(아내는 남편의 계정이 아닌 계정으로 메일을 보내왔다)? 이런 메일을 받았다는 사실을 내담자에게 알려야 할까? 전부 무시해 버려야 할까? 이에 대해 슈퍼바이저와 논의했고 내담자와의 비밀보장 원칙을 깨지 않기 위해 이메일에 답하지 않기로 했다. 만약 그 메일에 답을 한다면 'X 씨가 저와 상담을 받는지를 확인하거나 부인해 준다면 비밀보장 원칙을 깨는 것이 됩니다.'라는 답변 정도만이 가능하다고 생각했다. Mary와 슈퍼바이저는 답장을 주는 것 자체가 내담자 아내의 질문이나 연락을 계속 해 오도록 조장하는 행동이라 생각했다. 하지만 이런 메일을 통해 Mary는 회기를 취소하는 행동에 대해 논의해야겠다고 마음먹었고, 필요하다면 이후의 취소 행동에 대해서는 다시 계약을 맺기로 했다.

이 장에서는 온라인상담에서 다른 인터넷 환경을 어떻게 활용할 수 있는지를 간단히 보았다. 내담자가 온라인 치료의 경계를 이동하거나 확장하는 몇 가지 방식들을 살펴보았고 상담자가 그러한 상황의 영향을 평가하여 본래의 계약 경계를 조정하면서도 윤리적인 자세를 고수하기 위해서는 어떻게 대처해야 하는가를 보았다. 마지막으로, 위기에 처한 온라인 내담자와의 작업에서 적절한 경계 설정이 중요하다는 점을 논하였다.

11장

현실에 적용하기

이 장에서는 '이론은 그렇다 치고 어떻게 시작하면 될까?' 하는 부분에 집중한다. 이전 장들을 읽으며 생긴 여러 궁금증에 대해 이제 답하려 한다. 우선 수련에 관해 얘기해 볼 것이다. 온라인상담자로서 경험을 쌓기 위해 수련을 끝내고 자격을 갖춘 상담자들의 경험에 대해 살펴볼 것이다. 온라인 수련을 받기 전에 미리 알았더라면 좋았을 것들이나 수련을 받으면서 알게 된 것들이 무엇인지 살펴볼 것이다.

이 장 두 번째 부분에서는 온라인 작업에서 발생할 수 있는 특정 문제들에 대해 살펴볼 것이다. 여기에는 전문가 배상(여러 보험회사에서 전국적인 단위의 배상이 불가하고 내담자와 상담자가 같은 국가나 주에 거주하지 않는 경우가 있기에 현재 쟁점이 된다), 문화적 차이라는 맥락에 대한 이해, 법률적인 문제, 자료 보안, 상담자와 관련된 국가 또는 주 단위 법률과 온라인상담 시에 이것이 어떻게 문제가 될 수 있는가 등이 포함된다. 저자 2인이 영국에서 일하고 있다는 점이 이후의 내용에 반영될 것이다. 하지만 당신이 어느 곳에서 일하건 간에 우리가 이야기할 내용이 고민할 가치가 있는 문제들에 대한 경종을 울릴 수 있기를 바란다.

수련

상담자라면 온라인 작업을 시작할 때 지속적인 수련을 통해 배워나갈 필요가 있다는 의견을 우선 강하게 전달하고 싶다. 이미 충분히 숙련되고 경험을 갖춘 면대면 상담자라 하더라도 온라인상담을 시작하게 되면 부족함을 느낄 수 있다. 이는 새로운 기술을 학습하면서 거치게 마련인 정상적인 과정—'의식적인 무능감'—이고 불편함이 있더라도 '의식적인 유능감'으로 이어진 후 '무의식적인 유능감'까지 발전해 나가게 마련이다. 그런 '무능감'의 초기 단계에는 다른 지지 네트워크를 보유한 역할 연습 내담자 또는 자원(volunteer) 내담자와 작업하거나, 이미 온라인 작업을 해 본 이들이 슈퍼비전이나 피드백을 해 주는, 안전하고 지지적인 학습 집단에 속해 있는 것이 좋다(즉, 같이 배우고 있거나 경험을 갖춘 대상과 함께 작업하고 도움도 받는 것이 좋다). 그 안에서 새로운 기술을 시도해 보고, 글로 쓰는 치료적 소통방식에 적응할 기회를 가질 수 있을 것이다. 이를 통해 또한 자신만의 상담 접근이나 내담자와 함께하는 방법에 적응해 갈 수 있을 것이다.

> 수련 초반 몇 주 동안 나는 완전한 초보로 돌아간 느낌이었다. 내가 가진 능력들이 증발해 버린 느낌이었다! 나는 공감한다고 했다지만 내담자도 그렇게 느꼈을까?
>
> (수련생 후기)

수련은 치료적 작업을 수행하는데 필요한 기술을 습득할 수 있는 기회이고, 계약, 때때로 발생하는 기술적인 문제, 그리고 법적 또는 윤리적인 이슈와 같은 그 외의 실질적인 문제에 대해서도 배우는 기회가 된다. 이런 것들은 온라인 작업을 시작하기 전에는 대개 '숨어 있는 이슈'였을 것이다. 즉, 온라인 작업 이전에는 생각해 볼 필요가 없거나 상담자가 자각하기 어려운 이슈들이다. 수련을 통해 모든 예측 불가한 상황들을 다룰 수는 없기에 온라인상담에 발을 들이기 전에 중요한 사항들을 알아 둘 필요가 있다.

> 컴퓨터가 고장 났을 때 나는 완전히 혼자였고 공황에 빠졌다–나의 내담자에게 뭐라고 할까, 어떤 반응을 보일까? 계약서에 전화번호를 적어 놓는 것도 깜박했다.
>
> (수련생 후기)

수련의 다른 이점은 온라인으로 작업하는 다른 이들로부터 지원받을 수 있는 네트워크 확보가 가능하다는 점이다. 온라인상담을 하는 사람들을 대상으로 소규모 조사를 한 결과(Jones & Stokes, 2004), 조사대상 대부분이 함께 수련했던 이들과 계속 연락을 주고받는 사이였다. 이들 중 한 사람은 다음과 같이 얘기했다.

> 혼자라는 생각이 들거나 온라인 작업을 하며 확신이 서지 않을 때, 내게는 연락할 수 있는 사람들이 존재했다.

또 다른 이는 자신이 이 분야에서 수련을 받으며 쌓았던 인맥을 통해 온라인상담에 도움을 줄 슈퍼바이저를 소개받았다고 말했다.

온라인상담 수련을 받을 수 있는 최고의 매체는 당연한 것 같지만, 온라인 과정이다. 어떤 상담자들은 e-테라피에 대한 면대면 워크숍에 참석한 후 온라인 작업에 흥미를 갖게 된다. 이런 e-테라피 워크숍에는 다른 참여자들과 컴퓨터를 이용하여 롤플레잉을 해 보는 과정이 포함되는 경우가 많다. 시작을 이렇게 하는 것은 문제가 되지 않지만, 이런 방식으로 온라인 학습이나 내담자와의 온라인상담을 완벽하게 재연하기는 어렵다. 예를 들어, 이미 면대면으로 만났던 사람과 롤플레잉 해 보는 것에 불과하고, 문제 상황이 발생했을 때 도움을 줄 수 있는 지도자가 실물로 존재하고 있기 때문이다.

온라인 과정에서는 이메일 의사소통은 물론, 강의실, 공지 게시판, 토론 공간, 관련 자료 열람실 등을 제공해 주는 다양한 소프트웨어 패키지를 활용한다. 여러 온라인 과정에 참여하여 학습 집단의 일원이 되거나, 과정 이외의 소셜 네트워크 등을 이용하여 격의 없이 만나 진행 중인 온라인 과정에 관한 얘기를 나눌 수도 있고, 친구를 사귈 수도 있다. 일부는 지구 다른 편에 사는 학생일 수도 있어서, 작업 시 시차를 고려해야 하는 것과 같은 현실적인 문제에 대해 생각해 보는 기회가 되기도 하고, 문화적 차이 같은 주제에 대해 생생하게 논할 수도 있다. 때로는 웹캠이나 음성통신을 활용하여 동료들과 소통할 수도 있다.

대부분의 수련 과정은 상담자 자격이 있는 이에 한해 제공된다. Anthony와 Goss(2003)는 치료자가 되기 위한 수련 과정에서 원격 교육을 이용하는 것은 적절하지 않으며 온라인상담을 시작하기 전에 충분한 면대면상담 경험이 있어야 한다고 강력하게 주장했다. 우리가 경험한 바로도 이런 의견이 옳다.

> 면대면 상황에서 내담자와 작업한 경험이 없었더라면 온라인 작업만의 차별적인 측면이나 압박감에 적응할 수 있는 대비도 전혀 되어 있지 않았을 거예요.
>
> (수련생 후기)

시간과 돈을 낭비하고 싶지 않다면 자신에게 적합한 과정을 찾아보기 전에 스스로 몇 가지 질문을 해 보아야 한다. 다음과 같은 질문들이다(순서 무관).

- 현재 나는 온라인 작업을 하는 데 필요한 기술적인(technological) 능력을 갖추고 있는가?
- 그렇지 않은 경우, 온라인 수련 기관 또는 면대면 수업으로 이러한 문제 극복에 필요한 초급 과정이 존재하는가?
- 다음의 이유로 이들 과정이 내게 필요한가?
  - 온라인상담은 성장 가능성이 있는 상담 분야라 생각한다.
  - 내가 담당할 수 있는 내담자 폭을 확장하고 싶다.
  - 온라인상담에 관해 관심이 있다.
  - 내 소속 기관에서 온라인 방식의 상담을 시행하게 될 것이라 예상한다.

- 국내 권위 있는 단체에서 인증하는 과정인가?
- 과정에 포함된 내용이 무엇이며 내게 필요한 것인가?
- 나는 튜터나 동료 학생들과 만나는 일이 없는 원격 학습에 적응할 수 있는가?
- 기술적인 문제가 생겼을 때 백업이 가능한가?
- 과정을 끝낸 후에 온라인 작업이 나와 맞지 않는 것으로 밝혀졌을 때는 어떻게 대응할 것인가?
- 이 과정에서는 내가 문제에 당면했을 때 지원해 줄 수 있는가?
- 내가 부담할 업무나 과제가 적당한 것 같은가?
- 과정 중에 온라인 내담자 체험을 할 기회를 가질 수 있는가? 그렇지 않은 경우라면 온라인 내담자 체험을 할 것에 대해 염려해야 하는가(하지 않아 다행이라 생각하는가)?
- 추후 온라인상담자 자격을 취득하겠다고 마음먹었을 때 더 고급 과정을 수강할 기회가 있는가?
- 이 과정에서 현재 나의 상담 모델을 적용하는 것이 가능한가? 아니면 특정한 상담 접근만을 수용하는 수련 과정인가?

과정을 선택할 때는 앞서 말한 것 이외의 기준들도 필시 있을 것이고 그 외 기준들에 대해서도 참작해야 한다. 개업 상담자로서 온라인 작업을 시작한다고 해서 새로운 내담자가 물밀듯 몰려오는 것은 아니라는 점을 꼭 명심해야 한다. 온라인상담은 아직 신생 분야이며, 독립적으로 개업할 때와 마찬가지로 내담자 수를 확보하기까지 시간이 걸린다. 투자금을 신속하게 회수하려는 생각이라면 실망하게 될 것이다. 소속 상담 기관 내에서 온라인 치료를 해 보려할 수도 있다. 그러한 경우라면 기관 내 다른 이들도 이러한 발전방

침에 동의하는지를 우선 확인할 필요가 있을 것이다. 그렇지 못한 채 시작하면 수련 과정을 거치는 동안 좌절감을 느낄 것이고 막막한 곳에 혼자 선 느낌을 받게 될 것이다.

온라인상담은 아직은 혁신적인 분야라 할 수 있기에, 가장 최신의 훈련 과정들은 온라인상담의 개발과 주류 편입을 위해 노력해 온 열정 있는 이들이 만든 것들이 대부분이다. 신뢰할 수 있는 기관에서 인증받지 못하는 과정이라 하여 굳이 깎아내리려는 것은 아니지만, 인정받는 자격 취득이 중요할지는 스스로 따져 보아야 한다. 이는 수련을 받는 이유가 무엇이고 추후 경력개발 계획이 어떠한가에 달려 있다.

과정에 대해 알아보는 방법은 우선 관련 학술지에서 전문성 지속개발 분야를 살펴보거나 온라인상담에 대한 온라인 수련 과정을 인터넷 검색해 보는 것으로 시작하면 된다. 서적이나 인터넷을 통해, 수련에 대해 언급하고 있는 온라인상담 관련 논문을 찾아보거나 논문의 저자에게 연락해 볼 수도 있다. 상담하는 주변 동료들에게 정보를 수소문하거나, 자신이 속한 전문 단체에 연락해서 수련 과정에 대한 목록을 보유하고 있다면, 공유해 달라고 청할 수도 있다. 우리가 운영하는 과정을 포함하여 영국 수련 기관 목록을 이 장 말미에 실어두겠지만, 그 외의 과정들에 대해서도 꼭 알아보기를 바란다.

일단 과정을 찾고 나서는 이것이 내게 적합한 과정인가를 확실히 할 수 있게 시간을 충분히 두고 여러 질문을 스스로 해 보아야 한다. 전에 같은 과정에서 수련 경험이 있는 수련생에게 알아보는 것이 도움이 될 것 같다면, 이메일 연락을 해서 도움을 청해 볼 수 있을 것이다. 면대면 과정에서라면 사전 참관일에 이전 수강생을 만나 보는 것과 마찬가지라 보면 된다.

사전 온라인 면접은 없는 경우가 대부분이기 때문에, 과정 담당 조교들이 예비 수강생들을 위해 기꺼이 이메일로 질문에 답해 줄 것이다. 그들 역시 과정이 수강생에게 잘 맞기를 바랄 것이다. 현재 시점에서 대부분의 온라인상담 수련 과정은, 완전히 상업적인 기관보다는 이미 수련 경험을 갖춘 열정적인 임상가 개인에 의해 만들어지는 경우가 많다. 과정에 대해 오해하고 등록했다가 불만스러워하는 수강생은 그들도 원하지 않을 것이다. 신청서를 적고 등록하기 전에 꼭 미리 질문해 보는 것이 좋다!

수련 진행은 이전에 강의실에서 수련받을 때와는 다를 수 있다. 예를 들어, 몇 주간 진행되는 과정에 매주 특정 요일 출석하여 7시간 정도 정해진 시간에 학습하는 식으로 진행되지는 않을 것이다. 따라서 이메일 체크와 정기 온라인 미팅 등을 포함해서 어떻게 시간 계획을 짤지 생각해 보아야 한다. 또한 '내담자'와의 롤플레잉 등이 포함된 과제도 완수해야 하고 동료 수강생이 해외에 있다면 시차도 맞춰야 한다.

많은 수련생이 과정에 시간을 전부 뺏기는 것 같다고 말한다. 이것이 꼭 부정적인 피드백이라기보다는, 그 외의 일에 지장을 받지 않으면서 주중 하루만 시간을 내어 수련받는 것 자체가 그만큼 어렵다는 얘기이다. 다른 과정에 참여했을 때도 비슷한 경험을 했을 수 있지만, 온라인 수련의 경우 이러한 문제가 더욱 심화될 수 있다. 이런 문제는 집단 모임이나 동기생 모임의 역동에도 적용된다. 다른 이들보다 타자가 늦다거나, 커피 한잔을 하면서 가벼운 대화를 나눌 기회가 없는 것과 같은 실제적인 문제들이 급속하게 투사나 전이 등의 문제로 이어질 수 있다. 이에 더하여 탈억제가 나타날 수 있으며, 이로 인해 자신, 다른 수련생, 또는 과정, 아니면 이 세

가지 모두에 대해 부정적인 감정이 생겨날 수 있다.

앞의 두 문단을 보면서 온라인 수련을 받지 말라는 경고가 아닐까 의심할지도 모르겠다! 그러한 의심을 상쇄하기 위해 수련을 마친 사람들의 평도 함께 싣는다.

> 컴퓨터를 켤 때면 거의 항상 함께 수련받는 사람 중 누군가와 온라인으로 대화를 나눌 수 있다는 것은 멋진 일이었다. 집단 미팅이 아주 활기차서 너무 좋았고 그들이 얘기하는 것을 화면상에서 볼 수 있기에 그 얘기들에 대해 더 깊이 생각해 볼 수 있었다. 또한 그들이 적은 것들에 대해 나중에 내가 하고 싶은 말을 보태는 것이 허락된 듯한 느낌이었다.

> 호주 현지 시각이 몇 시 정도일지에 익숙해지고 나서는 메신저를 통해 얘기하면서 호주에서 상담하는 방식에서의 차이점과 공통점에 대해 알게 된 점이 좋았다.

> 내가 배운 것 중 중요한 것 하나는 대부분의 이메일에 즉각적인 답변이 필요하지는 않다는 점이다. 스스로 시간을 충분히 두면서 조급함을 느끼지 않아도 됐다. 과정뿐만 아니라 직접 써 본 메일들이 큰 도움이 되었다.

윤리적인 온라인상담

이 책에서는 온라인 작업을 할 때 우려될 수 있는 사항에 대해 계속해서 강조해 왔다. 이제 이들 중 몇몇 문제점들에 대해 상세히 보려고 하지만, 시간이 지나면서 지침이 변하기도 하고 국가나 지역의 법규와 사법 체계가 달라질 수도 있으므로 앞으로 다룰 정보에만 전적으로 의지해서는 안 된다. 국제온라인정신건강협회(International Society for Mental Health Online: http://www.ismho.org) 또는 영국상담및심리치료협회(British Association for Counselling and Psychotherapy: http://bacp.co.uk) 등을 통해 추가적인 정보를 얻을 수 있다. 영국상담및심리치료협회에서는 영국상담가들을 위한 지침을 제시하고 있고 미국상담협회(American Counselling Association) 또는 미국상담자자격위원회(National Board for Certified Counsellors)에서는 미국 상담자들을 위한 자료를 제시하고 있다. 호주가이던스및상담협회(Australian Guidance and Counselling Association), 뉴질랜드상담협회(New Zealand Association for Counsellors)에서도 각 국가에서 온라인상담자들이 경험할 수 있는 문제들에 대해 다루고 있다. 부록에 이들 웹사이트에 대해 정리해 두었다.

전문가 배상책임보험 및 이와 관련된 법적 이슈

일찍이 Pergament(1998)는 "인터넷상의 활동은 기존에 정의된 법적 관할권 개념에 대해 이론을 제기한다."라고 했으며 이런 발언은 현재 시점에서도 유효하다. 여기서도 여러 쟁점을 모두 다루는 것은 불가하며, 모든 온라인 임상가들은 스스로 각자의 책임을 이해하고 자신이 살고 일하는 곳에서 법에 저촉되지 않도록 노력해야 한다.

모든 상담자는 면대면상담을 하건 온라인상담을 하건 스스로와 내담자 보호를 위해 전문가 배상책임보험이 필요하다. 면대면상담에서는 이것이 아주 당연한 사실이지만, 온라인 작업에서는 이슈로 제기될 수 있다. 상담자는 우선 보험회사와 이 문제에 대해 논의해 보고 온라인 작업에 대한 보장이 가능한지 확인하고, 가능하다면 각종 조건과 면책 약관을 서면으로 받아두어야 한다. 내담자와 온라인 작업을 하기 전에 모든 문제를 해결해 놓지 않는다면 문제 발생 후에야 해결책을 찾게 될 것이고, 때는 이미 늦어 버린다.

수련 과정에서 책임배상에 대해 다룰 수도 있으나 수련감독자와 같은 나라나 지역에 살고 있지 않을 가능성이 있어서 일반적인 부분만 다루기 마련이다. 가능한 선택지 하나는 책임보험에 가입한 동일 지역 온라인 임상가에게 연락해서 알아보는 것이다.

당신과 같은 지역이나 국가에 사는 내담자 상담에 대한 보장이라면 별문제 없겠지만 어떤 보험사에서는 동일 지역 외의 내담자에 대한 상담은 보장해 주지 않는다. 상담 중인 내담자가 어디에 거주하는지 모를 때에도 문제가 될 수 있다. 이런 경우 약관에 이를 명시해야 한다. 미국에서는 주 경계를 벗어나면 법적 장벽이 존재하고 이때는 상담 자격도 유효하지 않다.

자신이 속한 국가나 대륙을 넘어 상담을 할 수도 있기에, 보장의 효력이 있는 경우라 해도 내담자가 소를 제기했을 때 자신의 국가나 지역 내 법체계하에서 처리할 수 있도록 약관에 명시할 필요가 있다.

특정 국가에 거주하면서 타 국가에 자주 나가 있는 경우, 자신의 소재와 관련하여 보험회사에 확인해 주어야 한다. 예를 들면, 나(Anne)는 프랑스에 집이 있지만, 영국에서 주로 지낸다. 잠시 프랑스에 머물 때도 온라인 내담자들과 작업은 계속한다. 나는 주로 영국에서 상담하기 때문에 이를 기준으로 보장을 받는다. 그러나 프랑스에서 오래 지낼 때 내 주 거주지와 직장은 프랑스가 되고 다른 보험회사를 알아보아야 한다. 내담자가 영국법이 아닌 프랑스 법체계하에서 배상을 받아야 하기 때문이고 내담자에게 이 점에 대해 알려 주어야 한다. 모든 사례에서 이렇게 통용되는 것은 아니기 때문에 자신의 소재지를 확인해 주는 것이 꼭 필요하다. 또한 앞으로도 항상 이런 식으로 적용되리라 보장할 수는 없기에 전문적 상담과 관련된 최신 법규에 관해서 확인할 필요가 있다.

비밀보장과 자료 보호

4장에서 암호화, 비밀번호 보안, 이동식 암호 저장장치 이용 등, 개인 정보와 비밀보장에 대한 문제들을 다뤘다. 고소나 법적 조치를 받게 된 경우, 당신은 온라인상담자로서 자신이 속한 전문가 단체나 내담자에게 이런 사안들을 신중하게 다루고 있다는 사실을 입증할 수 있어야 한다. 내담자와 상담계약을 할 때 개인 정보, 보안, 자료 보호 등의 문제에 대해 다뤄서, 온라인상담에는 아무런 위험이 존재하지 않을 것이라고 착각하지 않도록 해야 한다. Amig(2001)는 온라인상담을 하는 사람들 대부분이 (개인 정보나 보안에 대한) 양해각서를 무시하거나 오해한다는 점을 지적했다.

자료 보호라는 측면은 영국 관점에서 살펴볼 것이다. 영국 이외의 지역에 살고 일하고 있는 경우에도 적용되는 부분이 있을 것이지만 각자의 국가에 맞게 확인해 볼 필요는 있다. 「영국 자료보호법」(1998)에서는, 개인 정보 보호를 위해 타인의 기록과 사적 정보를 안전하게 보호하는 것에 대해 지침을 밝히고 있다. 유럽 인권협약(제8조)에서는 모든 이들이 자신과 가족의 사생활, 자신의 거주지와 통신을 존중받을 권리가 있다고 규정하고 있다.

개인 정보와 관련해서는 다음의 사항들을 명심하면 된다.

- 개인 정보란 특정 개인이 밝혀질 수 있는 여하한 자료를 말하며 여기에는 그 인물에 대한 상담자의 의견 표명, 그 인물에 관한 상담자의 의향 표시 등도 포함된다.
- '개인정보처리 시스템'에 포함된 모든 서면 파일에 있는 자료도 해당된다.
- 개인정보처리 시스템이란 '특정 인물의 특정 정보에 쉽게 접근할 수 있는 방식으로…(중략) 정리된…(중략) 인물 관련 모든 정보'를 말한다(Adamson, 2007).

'개인정보처리 시스템'에는 '전산화된 시스템과 대체로 동등한' 수기 또는 전자적으로 저장된 정보도 포함된다. 따라서 컴퓨터에 흔적을 남기지 않기 위해 정보를 모두 서면 정보로 바꿔도 소용없다. 정리되지 않은 개인 메모를 소장할 때도, 내담자가 정보의 초점이 되어 개인사가 노출되지 않도록 잘 단속해야만 한다. 즉, 생각해 본 내용을 적을 때에도 내담자 자체가 아닌 상담자나 상담 과정에 초점을 맞춰 적어야만 하는 것이다(Adamson, 2007).

온라인 작업에 적용되는 또 다른 자료 보호 원칙은 정보를 보관하는 기간에 대한 원칙과 국외로 반출이 불가하다는 원칙 두 가지이다. 우선 내담자 기록의 의무 보관 기간에 있어서는 자신이 속한 전문 단체의 지침을 따르면 된다. 두 번째 원칙에 있어서, 국외 내담자에게 전송된 이메일 역시 그들에 대해 저장된 정보 중 일부로 볼 수 있다는 점에서 온라인 작업에서 문제가 될 수 있다. 내담자가 기록에 접근하지 못하게 막는 것 역시, 내담자 권한을 침해하는 것임을 알아야 한다. 여기서 논한 내용은 내담자와 함께한 작업에 대해 온라인 슈퍼비전을 받을 때도 똑같이 적용된다는 점도 명심해야 한다.

영국에서는 상담자가 내담자의 개인 정보를 컴퓨터에 보관하려면 정보위원회에 먼저 등록된 신분이어야 하고 이를 어길 시 형법에 저촉된다. 기록한 내용을 즉시 프린트한 후 컴퓨터 기록은 삭제하더라도 마찬가지로 문제가 되기 때문에, 이메일이나 실시간 회기와 같은 모든 온라인 작업에 적용된다고 보면 되고, 따라서 미리 정보위원회에 등록해 두는 것이 현명하고도 윤리적이다.[1)]

비밀보장 원칙의 예외

면대면상담에서와 마찬가지로 비밀보장의 원칙을 파기해야만 할 때가 있다. 우선 자해나 타해 위험이 있는 모든 경우가 해당된다. 영국의 예 하나를 보면, 당신이 학교나 복지기관 같은 시설에서

1) [역주] 영국 정보위원회 등록을 위해서는 2022년 현재 직원수가 10인 이하일 경우 40파운드의 연회비를 내야 한다.

일하는 경우 「영국 아동법」(1989)에 의거하여 '타인에 가할 수 있는 위험'이라 규정할 만한 특정하고 명확한 사건이 있을 것이다. 「영국 도로교통법」(1998)의 경우 사고에 연루된 인물에 대해 신변정보 관련 질의를 받았을 때 한하여 정보 공개가 가능하다. 임상가 대부분은 정보 공개 전에 상담을 통해 내담자와 상세한 논의를 진행한다. 그러나 기준이 「영국 테러방지법」(2002)에 있을 때는 내담자에게 미리 알리지 않고 의심 가는 사항을 제보할 의무가 있다. 「영국 범죄수익금법」(2002)에 따를 때도 마찬가지가 의무사항이다. 내담자가 범죄 행위로 조달된 자금을 보유하고 있다는 사실을 인지한 경우라면 이를 내담자에 사전고지하지 않고 경찰에 제보하여야 하며 이를 어길 시 당신도 범죄에 가담하는 것이다.

면대면 내담자를 상담할 때 비밀보장의 원칙을 위반하게 되는 상황을 맞는 것도 악몽과 같은 일이지만, 온라인에서는 염려할 문제들이 더 많다. 비밀보장 원칙을 위반할 의무가 있는 상황이라 판단됨에도 불구하고 충분한 개인 정보를 확보하지 못했다면 어떻게 할 것인가? 내담자의 이메일 주소만 아는 상태에서 내담자는 가명을 사용하고 있을 수도 있다. 해외의 내담자와 작업 중이라면 누구에게 정보를 공개할 것인가? 혹 내담자의 허락을 받았다 하더라도, 서로 다른 국가, 다른 지역에 거주하고 있는 경우 내담자 정보를 의사에게 전달하는 것조차 간단한 문제는 아니다.

이런 문제에 대한 몇 가지 해답이 있으며, 치료적인 만남을 저해할 정도로 얽매이지 않게 균형은 맞추되, 문제가 생겼을 때는 그에 휘둘리지 않을 수 있도록 미리 충분히 해답들을 새겨두어야 한다. 예를 들어, 국제온라인정신건강협회, 온라인상담및치료협회(Association for Counselling and Therapy Online) 등의 사이트를 방문하여, 떠오르는 쟁점들과 딜레마 해결을 위한 임상가들의 대응, 그리고 그에 관한 논의 내용들을 살펴보는 것이 도움이 될 것이다.

특정 이슈들

첫 번째 특정 이슈는 온라인 작업에 적합한 내담자의 평가이다. 적합성을 어떻게 평가할 것인가 하는 관점은 면대면 내담자의 적합성 평가 시 사용하는 방식과도 관련이 있을 것이다. 실제로 내담자를 만날 때처럼 신체적 정보 등에 관련된 단서가 전혀 없기에 엄밀한 평가가 이뤄져야만 한다.

내담자가 양식을 작성하여 서로 합의하기 전에 제출하도록 할 수도 있다. 양식에는, 예를 들어 Beck 우울척도(Beck Depression Inventory) 등이 포함된다. 널리 사용되고 있는 Beck 우울척도는 우울의 심각도 측정을 위한 21개의 선다형 문항으로 구성되어 있다. 'Beck 우울척도' 또는 'BDI'라고 검색하면 다양한 버전의 척도를 내려받을 수 있을 것이다. 자신이 개발한 양식을 이용하고자 할 수도 있다. 여기에는 내담자의 학대 경험, 심각한 자기 방치, 폭력, 자살 사고, 미성년자 여부 등의 확인을 위한 질문들이 포함될 것이다. 이러한 분야 중 하나에서 심각한 위험이 있다고 입증되는 경우, 다른 서비스(사마리탄 재단, 의사 등) 또는 면대면상담으로 의뢰할 필요가 있는 것이라 볼 수 있다. 이는 예를 들어 학대 경험이나 자해 경험이 있는 내담자라 해서 반드시 온라인 작업에 맞지 않는다는 의미는 아니고, 그들과는 작업하지 않겠다고 당신이 선택할 수도 있다는 의미이다.

일부 정신건강 전문가들은 온라인 작업에서는 심리 상태와 관련된 시각적 단서 포함 다른 단서들의 파악이 불가능하다는 이유로, 자살 충동이 있는 내담자 대상의 온라인 작업을 허용해서는 안 된다고 본다. 이들은 또한 원격 소통방식으로는 온라인 내담자에게 지역 의료 서비스를 이용할 수 있도록 연계하는 것이 어렵다는 점도 비판한다. 이런 비판은 위기상담 전화가 개발되었을 때도 제기되었었다. 이에 대한 반론도 가능하다. 자살위험에 처한 내담자 중에는, 면대면보다는 보이지 않는 상담자에게 오히려 자기 생각이나 감정에 대해 더 편하게 털어놓는 이도 있고, 이러한 특성 때문에 도움을 청할 가능성도 커진다. 또한 이메일을 보내온 자살사고가 있는 내담자가 온라인 지원을 거부할 경우, 자살충동을 실행할 가능성이 어느 정도인지에 대해 가늠해 볼 수도 있다.

답신을 받기까지 시간이 걸리기는 하지만 사마리탄 재단에서는 자살위험이 있는 내담자에게 이메일을 보내 준다. SAHAR는 자살에 대해 고민하는 이스라엘인을 위한 인터넷 기반 지원 시스템이다. 사마리탄과 달리 SAHAR에서는 훈련된 인력이 즉시 답변해 주며, 그 외 정보와 관련 사이트 링크도 제공해 준다. 이용도가 높은 무료 서비스이지만 히브리어 이용만 가능하다(Barak, 2001).

다양한 출신국의 내담자가 연락해 올 수 있기에 문화 차이와 관련된 이슈가 온라인 작업에서 중요한 부분일 수 있다. 내담자를 볼 수 없기에 이러한 부분을 무시할 위험이 있다. 내담자가 상담이나 치료를 어떤 과정이라 이해하고 있는지 확인하며 시작하면 된다. 이와 관련하여 국가별 견해차가 크기 때문에, 상담 과정에 대해 상담자와 내담자 편에서 모두 오해나 이견이 있을 수 있다. 상담자는 이해 가능하리라는 합리적 자신감이 드는 문화적 배경의 내담자와만 작업하거나, 또는 문화 차이에 대해 이해할 수 있는 자료(내담자를 포함해서)를 찾아볼 준비가 되어 있어야 한다. 서구인의 대외행동과 심리에 대한 저술에서 Rifkind(2007)는 경청의 중요성과 서구인의 시각으로만 반응해서는 안 된다는 점을 강조했다. 그녀의 발언은 온라인 작업에 대한 것이 아니었지만, 같은 원리가 온라인 작업에도 마찬가지로 적용된다. 같은 학술지(『Therapy Today』)에서 Wright(2007)는 뉴질랜드 마오리 문화에서 작업하며 느낀 점을 논하여 "문화차이에 대해 과민할 때의 단점은 일종의 경직된 경계심을 갖게 되는 것이다."라고 했다. 결국 중요한 것은 균형이다. 온라인 내담자가 단지 다른 문화적 배경을 가졌다고 해서 그와의 작업에 도전하는 것을 기피해서는 안 되지만 자신의 이해가 부족할 수 있다는 점을 계속 명심하고, 필요하다면 내담자를 다른 곳에 의뢰해야 한다.

이 장을 마무리하며, 온라인 작업 시에 일어날 수 있는 문제에 대해 비관적인 입장을 갖게 될 수도 있다는 점을 알기에 내담자의 말을 들어 보는 것이 도움이 될 것이다. 익명 보장을 위해 약간 수정되었지만 의미는 그대로 담겨 있을 것이다.

> 처음 연락했을 때 절망적인 상태였고 6,000마일 멀리 떨어져 있는 선생님은 절망감을 덜어내는 데 도움이 되지 않았어요. 저 멀리 영국 땅에 떨어져 있으면서 저와 제 문제를 어떻게 이해할 수 있겠어요? 하지만 너무 절망스러웠기에 해 보리라 결정했어요. 제 마음을 알아주고 제 주변의 지원도 알아보는 게 어떻겠냐고 물어보신 점이 도움이 되었어요. 그러한 도움과 우리가 교환한 이메일이 제게 큰 변화를 불러일으켰어요. 이제 잘 살아보려고요. 감사합니다.

다음 발전 분야는 무엇일까

기술은 급격히 발전하고 있어서 발전하는 트렌드에 앞서가거나 이를 따라잡기란 쉬운 일이 아니다. 온라인 개인상담의 발전과 별도로 상호성(interactivity) 증진이라는 트렌드도 대두되고 있다(특히 WEB 2.0[2]에서 그렇다). 그중 하나의 트렌드는 내담자와의 작업에 있어서 인터랙티브 정보 활용 웹사이트의 비중이 높아졌다는 것이다. 인터랙티브 정보 활용 웹사이트에서 내담자는 특정한 웹기반 과제를 시청하거나 완료한 후, 실제 상담 회기에는 과제에 대한 내담자의 반응과 새로 배운 점에 대해 다룰 수 있다.

다른 발전 분야는 다음과 같다.

- 세컨드라이프에서 이용 가능한 회의 도구 등을 활용하는 인터넷 집단 치료나 집단 슈퍼비전
- 치료적 팟캐스트－청취자 교육이나 정보 제공 목적의, 전반적인 상담 관련 이슈에 대한 논의
- '인포테인먼트(Infotainment)'로서의 상담－교육과 오락을 위한 가상 시나리오. 유튜브의 영상 드라마와 유사하지만, 심리적 건강과 웰빙을 증진하는 내용을 다룸

2) [역주] WEB 2.0은 온라인환경의 변화를 구분하는 용어이다. WEB 1.0 환경에서 사용자들은 웹사이트에 게시된 정보를 읽을 수만 있었다면, WEB 2.0 환경에서는 사용자들이 직접 생산한 콘텐츠를 게시할 수 있게 되어 사용자 상호성과 협업을 강조한다. 유튜브와 같은 것이 대표적이다.

이후 어떠한 새로운 발전이 나타나건, 당신 역시 이처럼 흥미로운 세상의 한 부분이라는 사실을 마음껏 즐기기를 바란다.

연습 활동

1. 온라인 수련에서 무엇을 바라나요(예, 수업, 롤플레잉, 슈퍼비전 등)? 내게 꼭 필요한 것과 내가 선호할 만한 것의 목록을 구분해 봅니다.

2. 온라인 수련 기관에 대해 알아보고 내가 정한 기준에 맞는지 확인해 보세요.

3. 내가 속한 전문가 협회에 연락해서 온라인상담에 대한 지침이 있는지 확인해 보세요. 지침을 읽어 보고 나서 내가 하는 상담에 어떤 영향이 있을지 생각해 보세요. 이미 온라인 작업을 하고 있다면 이 지침에 따라 작업방식에 변화를 줄 필요가 있을까요?

부록

온라인 치료 시행에 대한 강령

여기에 온라인 치료 시행 시 필요한 윤리 강령을 확인할 수 있는 웹사이트 목록을 나열할 것이다. 치료자가 상담을 시행하는 국가별 강령이 존재하므로 모든 목록을 제시할 수 있는 것은 아니라는 점을 밝힌다.[1)]

영국 상담자를 위한 강령 및 지침

ACTO, 온라인상담및치료협회(Association for Counselling and Therapy Online). 윤리 강령 http://www.acto.org.uk/professional-

1) [역주] 웹사이트의 개선 및 발전에 따라 웹사이트 주소가 일부 달라졌을 수 있다.

conduct-code-of-ethics/

BACP, 영국상담및심리치료협회(British Association for Counselling and Psychotherapy). 온라인 심리치료를 위한 가이드라인과 온라인 슈퍼비전을 위한 가이드라인, K. Anthony와 A. Jamieson, Rugby: BACP, 2005

「영국 자료보호법」(1998) http://www.ico.gov.uk에서 자세한 정보 확인 가능

국가별로 공통 적용되는 일반적인 임상가 강령

HON, 인터넷 건강(Health On the Net). http://www.hon.ch.HONcode/Conduct.html 에서 자세한 정보 확인 가능

ISMHO, 국제온라인정신건강협회(International Society for Mental Health Online). 정신건강 서비스 제공 시 권장되는 원칙 http://www.ismho.org/suggestions.html에서 자세한 정보 확인 가능

국가별 임상가 강령

ACA, 미국상담협회(American Counselling Association). 1999년 ACA 인터넷상담 강령은 http://angelfire.com/co2/counselling/ethica.html에서 확인 가능

AGCA, 호주가이던스및상담협회(Australian Guidance and Counselling Association). 학교에서 온라인상담 서비스를 구축할 때

의 지침을 제공. http://mhws.agca.com.au/onlcoun_home.php 에서 확인 가능

HIPAA,「미국 보험 양도 및 책임에 관한 법(Health Insurance Portability and Accountability Act)」(1996), 의료보험회사에서 일하는 심리학자 등 미국 내 임상가를 위한 법) 중 자료의 전자 정보 전송에 대한 내용 http://www.hipaadvisory.com/REGS/HIPPAprimer.htm

NBCC, 미국공인상담자위원회(National Board for Certified Counselors). '인터넷상담의 시행' 전문은 http://www.nbcc.org/webethics2에서 확인 가능

NZAC, 뉴질랜드상담협회(New Zealand Association of Counsellors). 전자 통신에 대한 윤리 강령. http://www.nzac.org.nz/ethics/13.html 에서 확인 가능

용어 사전

가상현실(Virtual Reality) 컴퓨터에 의해 만들어진 인공적인 환경으로, 사람들이 몰입할 수 있고 이 인공적인 현실이 실제로 존재한다고 느낄 수 있다.

검색 엔진(Search Engine) 검색 기능이 있는 웹 서버(예, Google, Alta Vista, MSN, Yahoo!, 다음, 네이버 등)

게시판(Message board) 토론을 개최하거나 사용자 생성 콘텐츠를 올릴 수 있는 웹 응용 프로그램. 게시판은 일반적으로 인터넷 포럼, 웹 포럼, 토론 게시판, 토론 포럼 등으로도 불린다. 일반적으로 게시된 메시지는 시간순으로 표시되며, 한 게시글 아래에 일련의 토론글들이 달리는 식으로 표시되기도 한다.

다운로드(Download) 웹사이트에서 프로그램이나 자료를 내려받는 것.

블로깅(Blogging) 웹로그(흔히 블로그라 하기도 하고, web log라고 하기도 한다)에 글을 올리는 것을 의미한다. 주로 주기적인 기사(일반적으로 최신 글이 맨 위에 나타남)로 구성된 웹 기반 출판물이다.

서버(Server) 네트워크 리소스를 관리하는 네트워크의 시스템 또는 장치. 예를 들어, 파일 서버는 파일 저장 전용 시스템 및 저장 장치이다.

소프트웨어(Software) 하드웨어와 대비되는 개념으로, 전자적으로 저장될 수 있는 것은 모두 소프트웨어이고, 저장장치와 표시장치는 하드웨어이다.

아바타(Avatar) 채팅, 인스턴트 메시징, 멀티플레이어 게임 세션 등에서 사용자임을 드러내는 그래픽적 존재로, 제공되는 것들 중에서 선택하거나 사용자가 직접 제작할 수 있다. 실제 사진보다는 캐리커처에 가깝고, 단순한 이미지나 환상적 이미지도 사용 가능하다.

업로드(Upload) 웹사이트로 데이터를 보내는 것. 예를 들어, www.pando.com과 같은 웹서버 수집 지점에 대용량 파일을 보내거나 디지털 사진을 보낸다.

월드와이드웹(World Wide Web, the web) 하이퍼텍스트 문서를 저장한 다른 컴퓨터들에 접근하기 위해 인터넷을 사용하는 클라이언트-서버 정보 시스템.

웹 2.0(Web 2.0) 사람들이 온라인으로 협업하고 정보를 공유할 수 있는 능력에 초점을 맞춘 2세대 웹. 정적인 HTML(HyperText Markup Language)에서 좀 더 동적인 웹으로의 전환. 2세대 웹은 사용자에게 웹 응용 프로그램을 제공하는 것을 기반으로 하여 조직된다.

웹브라우저 또는 인터넷 브라우저(Web browser or internet browser) 인터넷 검색을 위해 여는 프로그램(예, Internet Explorer, Mozilla Firefox, Google Chrome 등).

웹서버(Web server) 웹페이지를 다른 컴퓨터로 배달하는 역할을 하는 컴퓨터.

웹캠(Webcam) 컴퓨터에 연결하여 인터넷을 통해 스틸 사진이나 비디오 사진을 보내는 데 사용할 수 있는 카메라.

웹호스트(Web host) 호스팅 서비스는 자체 웹서버가 없는 개인이나 회사를 위해 서버공간 대여 및 파일 유지 관리를 제공한다.

URL 주소(Universal resource locator, URL) 웹브라우저가 원하는 웹페이지를 찾는 데 사용하는 고유한 주소(예, http://www.onlinetrainingforcounsellors.co.uk).

인터넷(Internet) 여러 학술 기관, 연구 기관, 민간 기업, 정부 기관 및 개인의 원격 사이트에서 정보를 '공유' 또는 '네트워킹'할 수 있게 하는 전 세계 컴퓨터 네트워크.

인터넷 서비스 공급자(Internet service provider, ISP) 인터넷 연결 공급자로서, 이메일 주소 및 웹사이트를 구축하기 위한 일부 무료 웹 공간을 제공한다.

인터넷전화(Voice over Internet Protocol, VoIP) 인터넷을 통해 전화를 할 수 있게 해 주는 일련의 하드웨어 및 소프트웨어.

키드라이브(Key drive) 컴퓨터의 USB 포트에 연결되는 휴대용 저장 장치(보통 키링에 들어갈 정도로 작음). 세션 스크립트와 같은 기밀 데이터를 저장하는 데 유용하며, 암호로 보호될 수도 있다.

프로그램(Program) Outlook Express와 같은 이메일 프로그램, Windows Live Messenger와 같은 인스턴트 메신저 프로그램 등 다양한 통신 방법을 허용하기 위해 컴퓨터에 배치된 소프트웨어(일반적으로 컴퓨터에서 운용되는 소프트웨어를 의미함).

플랫폼(Platform) 한 시스템의 기본이 되는 운영 하드웨어 또는 소프트웨어. 플랫폼은 시스템을 개발할 수 있는 표준을 정의한다.

하드웨어(Hardware) 물리적으로 만질 수 있는 디스크, 프린터, 컴퓨터 화면, 컴퓨터 칩, 오디오 헤드셋 등을 말한다.

화상회의(Video conferencing) 비디오를 통해 서로 다른 위치에 있는 두 명 이상의 사람과 실시간으로 통신하는 것.

화이트보드(Whiteboard) 공유 전자 작업 공간. 각 참가자는 화이트보드에 텍스트를 추가하거나 그림을 만들거나 그림을 붙여넣을 수 있고, 다른 참가자들은 즉시 컴퓨터 화면에서 그것을 볼 수 있다. 참가자들은 나중에 참조할 수 있도록 내용을 인쇄하거나 디스크 파일에 저장할 수 있다.

참고문헌

Adams, K. (1990) *Journal to the Self*, New York: Warner Books.

Adamson, K. (2007) Unpublished notes from workshop on The Law and the Therapist.

Amig, S. (2001) 'Internet Dilemmas', *Behavioral Health Management*, *21*(3), 48–51.

Anthony, K. (2003) 'Email and Internet Relay Chat', in S. Goss and K. Anthony (eds) *Technology in Counselling and Psychotherapy: A Practitioner's Guide*, Basingstoke and New York: Palgrave Macmillan.

Anthony, K. and Jamieson, A. (2005) *Guidelines for Online Counselling and Psychotherapy*, 2nd edn, Rugby: BACP.

Barak, Azy (2001) 'Psychology and the Internet', paper presented at a conference of the British Psychological Society, November. See http://www.constuct.haifa.ac.il/~azy/saharo2.htm, accessed 8 August 2007.

Bayne, R., Horton, I., Merry, T. and Noyes, E. (1998) *The Counsellor's Handbook*, Cheltenham: Stanley Thornes.

Bloom, J. (1998) 'The ethical practice of Webcounselling', *British Journal of Guidance & Counselling*, *26*(1), 53–9.

Bolton, G. (1995) 'Taking the Thinking out of it: Writing–a Therapeutic Space', BACP, *Counselling*, *6*(3), 215–17.

Bolton, G., Howlett, S., Lago, C. and Wright, J. (eds) (2004) *Writing Cures*, Hove and New York: Brunner–Routledge.

Bor, R., Gill, S., Miller, R. and Parrot, C. (2004) *Doing Therapy Briefly*,

Basingstoke and New York: Palgrave Macmillan.

Bowlby, J. (1971) *Attachment and Loss*, London: Penguin.

Casemore, R. and Gallant, M. (2007) 'Supervision: Viewed from a Distance', *Therapy Today*, *18*(10), 44.

Chechele, P. and Stofle, G. (2003) 'Individual therapy online via email and Internet Relay Chat', in S. Goss and K. Anthony (eds), *Technology in Counselling and Psychotherapy: A Practitioner's Guide*, Basingstoke and New York: Palgrave Macmillan, pp. 39-58.

Coren, A. (2001) *Short-Term Psychotherapy: A psychodynamic approach*, Basingstoke and New York: Palgrave Macmillan.

Crouch, A. (1997) *Inside Counselling: Becoming a Professional Counsellor*, London: Sage.

Derrig-Palumbo, K. and Zeine, F. (2005) *Online Therapy: A Therapist's Guide to Expanding your Practice*, New York and London: W.W. Norton & Co.

van Deurzen-Smith, E. (1988) *Existential Counselling in Practice*, London: Sage.

Egan, G. (1994) *Exercises in Helping Skills*, Pacific Grove, CA: Brookes Cole.

Evans, J. (2007) 'A Guide to Online Counselling in a University or College Setting', *AUCC Journal*, Winter.

Fenichel, M. (2007) *Here and Now in Cyberspace*, http://www.fenichel.com/herenow.shtml, accessed 10 November 2007.

Fenichel, M., Suler, J., Barak. A., Zelvin, E., Jones, G., Munro, K., Meurier, V. and Walker-Schmucker, W. (2002) 'Myths and Realities of Online Clinical Work', *CyberPsychology and Behaviour*, 1 October, pp. 481-97.

George, E., Iveson, C. and Ratner, H. (1990) *Problem to Solution*,

London: BT.

Goss, S. and Anthony, K. (2003) *Technology in Counselling and Psychotherapy: A Practitioner's Guide*, Basingstoke and New York: Palgrave Macmillan.

Goss, S., Anthony, K., Jamieson, A. and Palmer, S. (2001) *Guidelines for Online Counselling and Psychotherapy*, Rugby: BACP.

Hales, J. (2006) 'Computer Therapy', *The Journal of the Association for University and College Counselling*, Winter.

Hudson, J. (2002) 'Community Care in the Information Age', in B. Bytheway (ed.), *Understanding Care, Welfare and Community: A Reader*, London: Routledge.

International Society for Mental Health Online (ISMHO) *Assessing a Person's Suitability for Online Therapy*, available from http://www.ismho.org/casestudy/ccsgas.htm, accessed 26 November 2007.

ISMHO (2005) *ISMHO Clinical Case Study Group: Half a Decade of Online Case Study*, available from http://www.ismho.org, accessed 2 January 2008.

Jacobs, M. (2004) *Psychodynamic Counselling in Action*, 2nd edn. London: Sage.

Jones, G. (2002) 'Engaging the Client', unpublished email discussion group.

Jones, G. (2004) *Online Counselling: Old Skills in a New Environment*, http://www.gjcounselling.co.uk/trainingonline.htm, accessed 4 January 2008.

Jones, G. and Stokes, A. (2004) 'An Unpublished Survey of Past Students', conducted online for Online Counselling Ltd.

Jones, G. and Stokes, A. (2005) *An Example of Brief Email Therapy Client Marcia: Counsellor Chris*, http://www.gilljones.net/downloads/

marcia.pdf, accessed 4 January 2008.

Kanani, K. and Regehr, C. (2003) 'Clinical, ethical, and legal issues in etherapy', *Families in Society: The Journal of Contemporary Human Services*, 84(2), 155-62.

Kasket, E. (2003) 'Online Counselling: Some considerations for existential-phenomenological practitioners', *Journal of the Society of Existentialist Analysis* 2006 Vol 14 Issue 1 60-66.

King, R., Bambling, M., Lloyd, C., Gomurra, R., Smith, S., Reid, W. and Wegner, K. (2006) 'The motives and experiences of young people who choose the internet instead of face-to-face or telephone counselling', *Counselling and Psychotherapy Research*, *6*(3) 169-74.

Kraus, R., Zack, J. and Stricker, G. (2004) *Online Counselling: A Handbook for Mental Health Professionals*, San Diego, CA and London: Elsevier Academic Press.

Mackewn, J. (1996) *Modern Gestalt in Counselling: The BAC Reader*, London: Sage.

Malchiodi, Cathy A. (2000) *Art Therapy and Computer Technology: A Virtual Studio of Possibilities*, London: Jessica Kingsley.

McLeod, J. (1997) *Narrative and Psychotherapy*, London, Thousand Oaks, CA and New Delhi: Sage.

Milner, J. and O'Byrne, P. (2002) *Brief Counselling: Narratives and Solutions*, Basingstoke and New York: Palgrave Macmillan.

Munro, K. (2006) 'On-line therapy: the faceless cure?', *Saturday's Globe and Mail*, Toronto, 23 April. See http://www.theglobeandmail.com, accessed 9 August 2007.

Munro, K. *Resources for healing*, http://www.kalimunro.com, accessed 8 August 2007.

Murphy, Lawrence J. and Mitchell, Dan L. (1998) 'When Writing Helps to

Heal: E-mail as Therapy', *British Journal of Guidance and Counselling*, *26*(1), 12-21.

Payne, M. (2000) *Narrative Therapy*, London, Thousand Oaks, CA and New Delhi: Sage.

Pergament, D. (1998) 'Internet psychotherapy: Current status and future regulation', *Journal of Law Medicine*, *8*(2), 233-80.

Progoff, I. (1992) *At a Journal Workshop*, New York: Penguin Putnam.

Reynolds, D., Stiles, W. and Grohol, J. (2006) 'An investigation of session impact and alliance in internet based psychotherapy: preliminary results', *Counselling and Psychotherapy Research*, *6*(3), 164-8. See http:www.slais.ubc.ca/courses/libr500/03/04/www/NAnderson/history.htm.

Rifkind, G. (2007) 'Western Diplomacy and Psychology', *Therapy Today*, *18*(9), 12-15.

Robbins, Sarah and Bell, Mark (2008) *Second Life for Dummies*, Indianapolis, IN: Wiley Publishing.

Rogers, C. (1967) *On Becoming a Person: A Therapist's View of Psychotherapy*, London: Constable.

SAHAR-for further information visit: http://focus.haifa.ac.il/spring-2005/02-sahar.htm, accessed 20 November 2007.

Sampson Jr, J. P., Kolodinsky, J. and Greeno, B. P. (1997) 'Counseling on the information highway: future possibilities and potential problems', *Journal of Counseling and Development*, *75*(3), 203-11.

Second Life-for further information visit http://www.secondlife.com, accessed 20 November 2007.

Sills, C. (2006) *Contracts in Counselling and Psychotherapy*, London: Sage.

Silverstone, Liesl (1997) *Art Therapy the Person Centred Way: Art and the*

Development of the Person, London: Jessica Kingsley.

Speedy, J. (2008) *Narrative Inquiry & Psychotherapy*, Basingstoke and New York: Palgrave Macmillan.

Stebnicki, M. and Glover, N. (2001) 'E-supervision as a complementary approach to traditional face-to-face clinical supervision in rehabilitation counselling: problems and solutions', *Rehabilitation-Education*, *15*(3), 283–93.

Stewart, I. (2007) *Transactional Analysis Counselling in Action*, 3rd edn., London: Sage.

Stokes, A. (2006) 'Supervision in Cyberspace', *Counselling at Work*, *51*, 5–7.

Suler, J. (1998) *The Psychology of Cyberspace: Email communication and relationships*, http://www.rider.edu/~suler/psycyber/emailrel.html, date accessed 9 November 2007.

Suler, J. (2001) *The Psychology of Cyberspace: Online disinhibition*, http://www.rider.edu/~suler/psycyber/disinhibit.html, accessed 4 January 2008.

Suler, J. (2004) 'The online disinhibition effect', *CyberPsychology and Behavior*, 7, 321–6.

Thorne, B. (1992) *Carl Rogers*, London, Thousand Oaks, CA and New Delhi: Sage.

Trahar, S. (2001) 'Theoretical perspectives' in S. Aldridge and A. Rigby (eds) *Counselling Skills in Context*, London: Hodder and Stoughton.

Trower, P., Casey, A., Dryden, W. and Fokias, D. (2005) *Cognitive Behavioural Counselling in Action*, London: Sage.

Vernmark, K. (2005) 'Therapy by email', http://www.psychologyspace.com, accessed 16 October 2007.

Warren, Bernie (1984) *Using the Creative Arts in Therapy*, London and

New York: Routledge.

Weiser, Judy (1999) *Photo Therapy Techniques: Exploring the Secrets of Personal Snapshots and Family Albums*, Vancouver: Photo Therapy Centre.

White, M. and Epston, D. (1990) *Narrative Means to Therapeutic Ends*, New York and London: W.W. Norton & Co.

Wright, J. (2002) 'Online counselling: learning from writing therapy', *British Journal of Guidance and Counselling*, *30*(3), 285–98.

Wright, J. (2003) 'Future therapy stories', *Counselling and Psychotherapy Journal*, *14*(9), 22–3.

Wright, J. (2004) 'Words, writing about experience and reading other people's diaries', *Counselling and Psychotherapy Journal*, *15*(10), 16–17.

Wright, J. (2007) 'Bi-culturalism and Migration', *Therapy Today*, *18*(9), 23.

WEBSITES

http://www.acto-uk.org (Association for Counselling and Therapy Online)

http://www.befrienders.org

http://cuinfo.cornell.edu/Dialogs/EZRA

http://www.ismho.org

http://www.kateanthony.co.uk

http://www.online-supervision.net

http://www.onlinetrainingforcounsellors.co.uk

http://www.samaritans.org

http://www.secondlife.com

찾아보기

인명

내용

저자 소개

Gill Jones와 Anne Stokes는 영국공인자격 상담자들로, 2000년대 초반 각자 온라인상담을 시작하여 Gill Jones가 창립한 상담자를 위한 온라인수련협회에서 함께 일하기 시작하였다. 이후, Counselling Online Ltd, Online Training Ltd의 공동책임자로서 꾸준히 협업하면서 온라인상담, 온라인수련 분야에서 왕성하게 활동하고 있다. 두 사람은 영국에 온라인상담을 소개하고 활성화하는 데 큰 역할을 하였고 '온라인상담 및 심리치료의 실제 콘퍼런스' '온라인상담 및 심리치료학회'를 설립하는 데도 기여하는 등 온라인상담과 온라인수련의 보급에 꾸준히 힘쓰고 있다.

역자 소개

김환(Kim Hwan)

2010년에 서울대학교 심리학과에서 임상심리학 전공으로 박사학위를 받았다. 2003년에 서울아산병원 정신과에서 임상심리 수련을 마쳤다. 임상심리전문가(한국임상심리학회), 정신건강임상심리사 1급(보건복지부), 상담심리사 1급(한국상담심리학회), 가족상담전문가 1급(가족상담협회), 청소년상담사 1급(여성가족부) 자격을 보유하고 있으며, EBS 〈가족이 달라졌어요〉에 전문가로 참여하였다. 서울임상심리연구소장을 역임하였고(심리검사 및 심리상담), 현재는 서울사이버대학교 상담심리학과 교수 및 대학원장을 맡고 있다.

〈주요 저 · 역서〉

외상후 스트레스 장애(학지사, 2016), 상담면접의 기초(공저, 학지사, 2006), 인지행동치료를 활용한 불면증 극복하기(공역, 학지사 2021), 인터넷 기반 인지행동치료(공역, 학지사, 2020), 정신건강분야에서 인터넷 기반 인지행동치료의 활용(공역, 학지사, 2020)

최혜라(Choi Hyera)

2009년에 서울대학교 심리학과에서 임상심리학 전공으로 박사를 수료하였고, 서울대학교병원 신경정신과에서 임상심리 수련을 마쳤다. 임상심리전문가(한국임상심리학회), 정신건강임상심리사 1급(보건복지부) 자격을 보유하고 있다. 백상신경정신과 임상심리전문가, 서울아산병원 정신과 임상심리 수련감독을 하였고, 현재는 서울사이버대학교 상담심리학과 교수로 재직 중이다.

〈주요 역서〉

인지행동치료를 활용한 불면증 극복하기(공역, 학지사 2021), 인터넷 기반 인지행동치료(공역, 학지사, 2020), 정신건강분야에서 인터넷 기반 인지행동치료의 활용(공역, 학지사, 2020)

한수미(Han Sumi)

2007년에 미국 네바다주립대학교에서 상담심리학 전공으로 박사학위를 받았고, 가족상담사 수련감독(한국가족상담협회) 자격을 보유하고 있다. 연세유앤김 정신건강의학과 전문상담원, 서울가정법원 전문상담원, 사랑의전화복지재단 상담교수, SBS 청소년상담실 상담원을 역임하였고, 현재는 서울사이버대학교 상담심리학과 교수로 재직 중이다.

〈주요 역서〉

인지행동치료를 활용한 불면증 극복하기(공역, 학지사 2021), 인터넷 기반 인지행동치료(공역, 학지사, 2020), 정신건강분야에서 인터넷 기반 인지행동치료의 활용(공역, 학지사, 2020)

온라인상담개론

-상담자를 위한 핸드북-

Online Counselling

A Handbook for Practitioners

2022년 12월 5일 1판 1쇄 인쇄
2022년 12월 10일 1판 1쇄 발행

지은이 • Gill Jones · Anne Stokes
옮긴이 • 김환 · 최혜라 · 한수미
펴낸이 • 김진환
펴낸곳 • (주)학지사
04031 서울특별시 마포구 양화로 15길 20 마인드월드빌딩
대표전화 • 02-330-5114 팩스 • 02-324-2345
등록번호 • 제313-2006-000265호

홈페이지 • http://www.hakjisa.co.kr
페이스북 • https://www.facebook.com/hakjisabook

ISBN 978-89-997-2793-1 93180

정가 15,000원

역자와의 협약으로 인지는 생략합니다.
파본은 구입처에서 교환해 드립니다.